KB270980

성령의 은사
(나의 은사 찾아가기)

신교횃불

생명의 은사

(나의 은사 찾아가기)

커세스 킹혼 지음
조종남 옮김

신교횃불

이 책의 저자 킹혼 박사는 미국 아즈베리신학교와 에모리대학교 대학원에서 나와 함께 공부한 친한 친구이다. 그는 학식 있는 신학교의 교수요 설교자인 동시에 늘 성령 안에 사는 거룩한 성도이다. 그는 성령에 관한 여러 저서를 발간했으며, 최근에 성령의 은사에 관하여 쓴 책이 바로 이 책이다.

하나님께서는 신자들에게 적절한 성령의 은사를 주셔서 그들의 삶이 풍요로우며 승리의 생활이 되기를 원하고 계신데, 오늘날 많은 신자들이 성령의 은사에 대해 이해가 부족할 뿐 아니라 자기에게 주어진 그 귀한 성령의 은사를 활용하기는커녕 잘 의식하지도 못하여 메마른 생활을 하고 있는 것을 역자는 안타깝게 생각한다. 많은 사람들이 하나님께서 간직하고 계신 그 귀한 보화에 접근하지 못하고 있는 것이다. 그런가 하면, 그와는 상반되게, 성령의 은사를 열광적으로 주장하며 성서적 활용 지침을 어기고 본래의 목적과는 다르게 성도들을 분리시키는 등 교회 안에 혼란을 초래하는 측면도 있어 염려스럽다.

여기에, 저자는 자신을 비롯한 여러 경건한 신자들의 신앙 체험에 근거하여, 성령의 은사들에 대한 성경의 가르침을 소개함으로 신자 자신이 성령의 은사를 어떻게 발견하고 올바로 활용할 것인가에 대하여 자세히 설명하고 있다. 그리고 신약성경에서 발견되는 성령의 은사에는 어떠한 것들이 있으며, 각 은사들의 성격은 어떤 것이고, 우리들이 그 은사를 활용함에 있어 따라야 할 성서적 지침은 무엇인지 알려주고 있다. 여기에서 그치지 않고 저자는 신자 각자가 자신에게 주어진 성령의 은사를 발견하는 방법을 이 책 마지막 장에서 제시하고 있다.

이 책을 번역하면서, 저자의 풍부한 성경지식에 대하여 놀라는 동시에, 나 자신 많은 도전을 받았다. 또한 나 자신에게 주어진 은사를 발견할 수 있어서 기뻤다. 이 책을 읽은 여러분도 나와 같은 기쁨을 갖게 될 것을 기대한다. 이 책은 여러분에게 주어진 성령의 은사들을 발견하고 활용할 수 있도록 도와줄 것이다. 뿐만 아니라 여러분이 지니고 있는 잠재력을 최대로 활용하게 되어 승리하는 삶을 살 수 있도록 도와줄 것이다.

끝으로 이 책의 번역 출판을 쾌히 승낙하여 준 미국의 에메스 출판사(Emeth Press)와 번역본 출판을 맡아준 선교햇불, 그리고 원고 정리에 큰 도움을 준 박수진 전도사에게 감사한다.

역자 조 종 남
전 서울신학대학 학장
현 명지대학교 석좌교수

　예수 그리스도께서는 승천하시기 전에, 주님은 제자들에게 약속과 유산, 그리고 사명을 주셨다. 주님은 제자들에게 "내가 너희를 고아와 같이 내버려 두지 않겠다"고 약속하셨다.[1] 그리고 "내가 아버지께 간구하여, 아버지는 또 다른 보혜사를 보내사, 너희들과 영원히 함께 있게 하실 것이다"라고 말씀하셨다.[2] 또한 제자들에게 "내가 세상 끝날 까지 너희와 함께 있으리라"고 보증하였다.[3] 이러한 말씀은, 주님께서 세상에 늘 함께 계시겠다는 선언이다. 그리고 이는 초대교회의 주의 사도들에게 적용되었듯이 오늘날의 그리스도인들에게도 적용되는 말씀인 것이다.

　예수님은 또한 그의 제자들에게 큰 유산 곧 풍성한 생명(abundant life)을 물려주시었다. 주님은 말씀하시기를 내가 온 것은 "저들이 생명을 얻게 하고 더 풍성히 얻게 하려는 것이다"라고 하셨다.[4] 사도 바울은 그리스도를 따르는 자들이 그리스도의 사랑의 '그 너비와 길이와 높이와 깊이가 어떠함을 깨달아 하나님의 모든 충만하신 것으로 너희에게 충만하게

---

1) 요 14:18.
2) 요 14:16.
3) 마 28:20.
4) 요 10:10.

하시기를 구하노라”고 기도하였다.[5] 이 놀라운 유산은 다음과 같은 주님의 말씀에도 담겨 있다. “내가 진실로 진실로 너희에게 이르노니 나를 믿는 자는 내가 하는 일을 그도 할 것이요 또한 그보다 큰 일도 하리라.”[6]

하나님께서는 우리를 ‘하나님의 형상을 따라 그의 모양으로’ 창조하고[7] 우리들이 위대해지기를 원하셨다. 이는 세상의 안목으로 측량할 수 없는 것이며, 오로지 성경이 말하고 있는 참 위대함이다.

그리스도께서는 또한 그를 따르는 자들에게 사명(mission)을 주셨다. 이 사명은 주님의 영광을 드러내는 것으로, 그리스도인들이 타락한 세상에서, 소금과 빛, 그리고 누룩의 역할을 하는 것이다. 하나님께서는 그리스도를 따르는 자들이 그 사명을 성취할 수 있게 하기 위하여 그들에게 적절한 지혜와 능력을 공급하시기 원하신다. 여러 가지 면에서, 교회는 그리스도의 성육신의 연장이라고 하는 말은 진실이다.

요약해서, 하나님은 모든 그리스도의 제자들에게 늘 함께 계실 것과 유산으로 풍성한 생명을 약속하셨다. 또한 하나님이 주시는 능력으로 주님을 봉사할 사명도 주셨다. 하나님께서 그리스도를 따르는 자들에게 주신 이러한 약속, 유산, 사명은 성령의 은사들을 이해하며 활용하는 일에 대한 근거가 된다.

이 책이 다루고자 하는 것은 두 가지이다. 첫째로, 성령의 은사들에 대

---

5) 엡 3:19.
6) 요 14:12.
7) 창 1:26.

한 신약성경의 가르침을 간단히 살펴보고, 둘째로, 당신에게 주어진 성령의 은사를 발견하도록 도와주고자 하는 것이다. 제 1장에서 우리는 뜰에 놓여진 돌과 그루터기들을 쓸어버리고, 제 2장에서는 어떤 성령의 은사들이 있는가를 살펴보며, 제 3장에서는 그 은사들의 성격을 설명한다. 제 4장에서는 성령의 은사들에 관하여 그리스도인들이 흔히 제기하는 질문들을 다루고, 제 5장에서는 성령의 은사를 활용함에 있어 성서적 지침을 설명하며, 그리고 마지막 제 6장에 가서는 실제로 당신에게 주어진 성령의 은사를 발견하는 방법을 다루려고 한다.

우리가 신약성경이 말하고 있는 성령의 은사들에 관해 공부하며 추구하고자 하는 것은, 성도들을 분리시키는 것이 아니라 연합하게 하고, 우리들이 그리스도에게서 멀어지는 것이 아니라 더욱 그리스도를 의존하게 되며, 같아지기보다는 성도 간에 더 큰 다양성을 격려하는 것이며, 은사로 인하여 자만해지지 않고 보다 겸손하여지게 하는 것이다.

이 책을 씀에 있어서, 나는 성령의 은사들에 관한 신약성경의 가르침에 충실하려고 조심하며 노력했다. 이 책은 여러분에게 주어진 성령의 은사들을 발견하며, 이해하고, 활용할 수 있도록 도와줄 것이다. 그렇게 하는 가운데, 여러분들은 각자 하는 모든 일을 통하여 하나님께 영광을 돌리며, 여러분이 지니고 있는 잠재력을 최대로 활용하게 됨으로 승리로운 삶을 살아, 마침내 영원한 상급을 받게 될 것이다.

저자 케네스 킹혼
미국 아즈베리 신학교

영적 성장이
왜 안되는가?
Daring to dream

영적 성장이 왜 안되는가?
Daring to dream

컴퓨터가 작동하려면 전기의 공급을 계속 받아야 하며, 엔진이 돌아가려면 기름의 공급을 받아야만 하듯이, 우리들의 삶에는 하나님의 능력이 공급되어야 한다. 진정, 하나님은 우리 인간을 그의 형상과 모양을 따라 창조하셨다.[1] 그러기에 우리 인간이 가지고 있는 잠재력이라는 것은 놀랄 만한 것이다. 그렇지만 하나님은 우리 인간이 하나님을 떠나서 살도록 창조하시지는 않았다. 예수님은 우리들의 위치를 포도나무와 가지의 관계로 비유하면서, 다음과 같이 말씀하셨다. "가지가 포도나무에 붙어 있지 아니하면 절로 과실을 맺을 수 없음 같이 너희도

---

1) 창 1:27,28.

내 안에 있지 아니하면 그러하리라…. 나를 떠나서는 너희가 아무것도 할 수 없음이라."[2] 그렇다. 가지 그 자체로서는 과실을 맺을 능력이 없지만, 가지가 나무에 연결되어 있으면 과실을 맺을 수 있다. 이와 같이, 우리들의 생명이 하나님의 능력에 연결되어 있을 때만 세상에 봉사할 수 있을 것이다. 우리를 하나님과 비교한다면, 우리는 길가에 세워진 기둥 같이 무지하며 어린이와 같이 무능하기 짝이 없다. 우리들의 삶이 유능하기 위해서는 하나님의 능력이 필요하다.

우리들 안에서 하나님의 능력이 역사하는 중요한 방법 중 하나는 바로 성령의 은사들로 인한 것이다. 성령의 은사들은 우리들이 생각하는 것 이상으로 우리들을 유능하게 한다. 우리들의 생애에 하나님의 역사하심이 없으면 우리들은 지혜가 부족하며 능력도 없을 것이다. 인간의 재능이 놀라운 일들을 성취하는 것도 사실이다. 이집트 사람들이 건설한 피라미드, 대영 백과사전, 19세기의 스위스 시계, 나사(NASA)에서 쏘아 올린 우주선 등을 생각할 때, 과연 누가 인간의 자연적 재능을 부정하겠는가? 이처럼 인간들이 성취한 수많은 것들을 보면 우리는 인간이 참으로 승리했다고 생각할 것이다. 그러나 이러한 인간의 모든 성공은 결국 이 지상에서는 멸망하고 말 것이라는 것을 우리는 알아야 한다. 오로지 하나님을 위하여 성령이 이루어 놓은 일들만이 영원히 지속되는 것이다. 하나님께서는 우리 각자가 영원히 누릴 결과와 축복에 대하여 당신의 계획을 가지고 계시다. 이런 많은 계획을 알고 수행하기 위해서는 성

---

2) 요 15:4-7 참조.

령의 은사에 대한 지식과 활용이 있어야 한다.

언젠가는 우리 각자가 하나님 앞에서 자기에게 주어진 일을 어떻게 수행했는가를 심판받게 될 것이다. 선행으로 하늘나라에 들어가는 것은 아니지만, 우리들은 우리가 행한 성실한 봉사에 대한 보상을 받을 것이다. 성경은 말씀하시기를, "우리는 모두 그리스도의 심판대 앞에 나타나야 합니다. 그래서 각 사람은, 선한 일이든지 악한 일이든지, 몸으로 행한 모든 일에 따라 마땅한 보응을 받아야 합니다"[3]고 하였다. 우리들은 지체 없이 "보물을, 좀이나 동록이 해하지 못하며 도적이 구멍을 뚫지도 못하는 하늘에 쌓아 두는 것"[4]이 현명할 것이다. 예수님은 "인자가 아버지의 영광으로 그 천사들과 함께 오리니 그 때에 각 사람이 행한 대로 갚으리라"[5]고 약속하셨다.

만약에 그리스도를 따르는 자 모두가, 사도행전에 나오는 그리스도인들이 그러했듯이, 주어진 성령의 은사들을 개발하고 사용한다면, '세상을 뒤집어 엎을'[6] 것이다. 우리들은 하나님이 원하시는 대로 살 때 일상생활에서 기쁨과 만족을 누리게 된다. 예수님께서 우리들에게 풍성한 생명을 주시겠다고 약속하시지 않았는가![7] 주님은 그런 계획 가운데 성령의 은사를 주시는 것이다.[8] 하나님께서는 우리들에게 기대와 소망을

---

3) 고후 5:10.
4) 마 6:20.
5) 마 16:27.
6) 행 17:6.
7) 요 10:10 참조.
8) 히 2:4 참조.

날마다 주시며, 그리고 하나님께서 새로운 변화를 주시기 위하여 우리들 안에서 또한 우리들을 통하여 역사하고 계시다는 확신을 매일매일 주시는 것이다.

그런데, 그 많은 신자들이 아직도 그들에게 주어진 성령의 은사를 의식 못하고 있다. 저들은 하나님께서 저들을 위하여 간직하고 있는 그 수많은 보화에 접근하지 못하고 있다. 그러니까 그들의 생활은 풍족하지 못하다. 그리하여 그들은 자신들의 지나온 생을 뒤돌아보고는 후회하며, 자신들이 별로 영원한 가치가 없는 일들에 매달려 시간과 에너지를 소모한 것을 깨닫게 될 것이다. 미지근한 신앙생활이 그리스도인으로서의 중요한 일들을 완성하지 못하게 만든 것이다. 온전히 헌신하지 못한 그리스도인은 능력이 없어 결국 말 못할 마음의 고통을 갖게 된다. 오늘에 있어, 현내의 문화를 조심스럽게 관찰하는 사람들은 이 세상이 아마겟돈, 곧 최후의 결전장으로 급속도로 치닫고 있다고 경고한다.

이렇게 세상이 나쁜 방향으로 가고 있는 것은, 하나님의 백성들이 세상을 바른 방향으로 인도할 수 있도록 도와주는 하나님의 능력이 없어서 그런 것이 아니다. 하나님은 일하며 봉사함에 있어서 있어야 할 놀랄 만한 능력과 권세를 우리들에게 주신다. 그런데, 신중하지 못한 그리스도인들이 그런 놀라운 하나님의 은사들을 이해하지도 못하고 활용하지도 못하고 있는 것이다. 솔직히 말해서, 그리스도를 따른다고 말하는 여러 사람들이 성령을 근심케 하며, 저항하며, 그리고 소멸하고 있다.[9]

---

9) 엡 4:30 참조.

하나님의 선물은 너무나도 가치 있는 것이다. 그래서 이것들을 간과하거나 소홀히 여기거나 헛되이 사용하면 안된다. 사도 바울은 그리스도인들에 대하여 말하기를 우리 안에 계신 하나님을 영광스럽게 하도록 능력을 주시는 분이신 성령님의 전이라고 한다.[10] 예수님의 비유의 말씀을 빌리면, 어떤 그리스도인들은 얕은 땅 같아서 그들 안에 심긴 하나님의 선한 말씀을 숨막히게 하고 질식시키고 있다.[11] 저들이 과거에 과실을 맺었다면, 현재는 그들의 열심이 다 소비되고 있다는 것이다. 성경은 게으른 자들을 향하여, "그러므로 내가 나의 안수함으로 네 속에 있는 하나님의 은사를 다시 불일 듯 하게 하기 위하여 너로 생각하게 하노니 하나님이 우리에게 주신 것은 두려워하는 마음이 아니요 오직 능력과 사랑과 절제하는 마음이니[12]" 라고 권고하고 있다.

만약에 어떤 사람이 빈 터에 집을 세우기로 계획한다면, 우선 그는 거기에 있는 나무뿌리들을 제거하고, 돌들은 다이너마이트로 깨뜨리며, 잡석들은 쓸어내야 할 것이다. 때로는 집을 세울 땅을 고무래로 쓸고, 때로는 불도저로 흙을 밀어내기도 하여야 할 것이다. 또한 집을 세우기 전에 건축할 곳을 정확히 측량하고, 기초도 닦고, 그리고 건축에 어떤 재료들과 도구들을 사용할 것인가도 잘 알아야 할 것이다. 이처럼 집을 짓는 데 적절한 지식과 계획이 있어야 하듯이, 우리가 우리의 생을 세우는 데도 그런 것이 필요하다.

---

10) 고전 6:19-20 참조.
11) 마 13:24-30 참조.
12) 딤후 1:6-7.

우리들이 성령의 은사들을 발견하고 활용하고자 하는 데 방해가 되는 것들이 있는데 그 중에 특히 세 가지를 지금부터 살펴보고자 한다. 기쁨을 빼앗고, 과실을 맺지 못하게 하며, 후회하게 만드는 이 방해물들에 대하여 알아봄으로써, 터를 정리하고, 보다 좋은 비전을 발견하며, 우리 앞에 놓여진 풍성하고 보상 있는 삶을 꿈꾸는 데 도움을 받을 수 있을 것이다.

1. 무지함(Lack of Knowledge)

첫째로, 우리는 은사에 대한 우리의 무지나 이해 부족에서 벗어나야 한다. 지나가는 대상(隊商)을 발견한 한 배고픈 거지가 부자 상인에게 도움을 받았다는 옛날 이야기가 있다. 거지는 쌀상사에게, "나는 쌀을 얻어야만 합니다. 아니면 나와 내 가족은 다 죽습니다"고 하면서 애원하였다. 그를 불쌍히 여긴 쌀장사는 거지에게 "얼마의 쌀이 필요한가? 내가 너와 네 가족을 위하여 네가 원하는 만큼 쌀을 주겠다"고 하였다. 거지는 쌀 100알만 달라고 했고 쌀장사는 기쁜 마음으로 그가 요구하는 대로 쌀 100알을 주었다고 한다. 그 상인이 지나간 다음, 그 거지의 친구가 "왜 쌀 100알만을 요구했니? 쌀장사가 네가 요구하는 대로 다 주겠다고 했는데, 너는 왜 그렇게 적은 양을 요구했느냥 말이야."고 물었다. 그러자 거지는 놀라며, "100이라는 숫자보다 더 큰 숫자가 있단 말이냐?"하고 대답했다는 것이다.

많은 그리스도인들이 하나님의 그 큰 능력, 계획, 그리고 준비하고 계시는 것들에 대하여 알지 못하고 있는 듯 싶다. 그들은 성령의 은사들에 관한 무지 때문에 그 값비싼 혜택을 받지 못하고 활용하지도 못하고 있는 것이다. 만약에 정글 속에 살고 있는 사람이 문자를 모른다면, 그는 책이 있다는 것도 모를 것이며, 독서의 즐거움도 모르며, 또한 지식을 더 얻는 기쁨도 갖지 못할 것이다. 마찬가지로, 우리들이 성령의 은사에 대한 것을 모르고 있다면, 우리들은 큰 불이익을 보게 되는 것이다. 사도 바울은 다음과 같이 우리에게 상기시키고 있다. "형제들아 신령한 것에 대하여 나는 너희가 알지 못하기를 원하지 아니하노니… 은사는 여러 가지나 성령은 같고 직분은 여러 가지나 주는 같으며 또 사역은 여러 가지나 모든 것을 모든 사람 가운데서 이루시는 하나님은 같으니 각 사람에게 성령을 나타내심은 유익하게 하려 하심이라."[13]

우리들은 자신이 어떠한 자연적 재능들을 가지고 있는지 모를 수 있다. 그렇다면 또한 우리는 자신의 성령의 은사들도 모를 수 있는 것이다. 사람들은 제각기 재능을 가질 수 있다. 예를 들어, 목수의 재능, 원예의 재능, 시를 쓰는 재능, 기계를 다루는 재능, 풍경화를 그리는 재능, 예술이나 음악에 대한 재능 등 말이다. 그러나 때로는 자신들에게 그렇게 훌륭하고 유망한 재능들이 있다는 것을 모르고 지낼 수 있다. 재능이 있는 사람이라 할지라도, 자기가 집을 건축하며, 정원을 가꾸며, 시를 쓰고, 그림을 그리며, 손으로 무언가를 만들거나, 또는 노래를 배우며, 악기를

---

13) 고전 12:1-7 참조.

연주하고 있는 것을 상상치 못할 수도 있는 것이다. 자신들이 만들 수 있는 아름다움을, 자신들이 공헌할 수 있고 체험할 수 있는 기쁨을 맛보지 못하고 사는 것이다. 이런 일이 우리 일상생활에서 사실이듯이, 우리들의 영적 생활에서도 그러할 수 있다.

생각해 보자. 만약에 건축자가 전기에 대하여 무지하다면, 그는 전기 에너지를 사용할 줄 모를 것이다. 그는 그저 손으로 사용하는 도구를 사용하는 것 이상은 생각도 못할 것이다. 요리하는 사람이 이스트나 소금에 관한 지식이 전혀 없다면, 빵을 만드는 그의 능력은 형편없을 것이다. 사도 바울은 그 많은 사람들이 "총명이 어두워지고 그들 가운데 있는 무지함과 그들의 마음이 굳어짐으로 말미암아 하나님의 생명에서 떠나 있도다"[14]라고 하였다. 많은 사람들이 성령의 은사들에 대하여 거의 알지 못하고 있다. 그런 이해 부족 때문에 그들은 성령이 주시는 놀라운 재능을 체험하지 못하고 있는 것이다. 그런 이해 부족이 짙은 안개처럼 우리의 시야를 흐리게 한다.

다행한 것은, 우리들은 그런 무지 속에 살 필요가 없다는 것이다. 성경은 잠언을 통하여 말씀하신다. "지식을 불러 구하며 명철을 얻으려고 소리를 높이며 은을 구하는 것 같이 그것을 구하며 감추어진 보배를 찾는 것 같이 그것을 찾으면 여호와 경외하기를 깨달으며 하나님을 알게 되리니 대저 여호와는 지혜를 주시며 지식과 명철을 그 입에서 내심이라."[15] 예수님도 말씀하시기를, "만일 사람이 진정으로 영적 진리를 알고자 하

---

14) 엡 4:17-18.
15) 잠 2:3-6.

면 하나님이 알려줄 것이라”[16]고 하였다. 성경을 보면, 총명을 달라고 간구하는 자에게는 하나님께서 늘 총명을 주시곤 하였다. 우리의 창조주 하나님은 자신을, 그리고 자신의 진리와 은사들을 계시하시기를 기뻐하신다. 하나님은 멀리 계시는 분이 아니시다. 그러므로 우리가 구하는 것은 항상 우리가 발견하게 될 것이다.

예수님이 약속하셨다. “구하라 그리하면 너희에게 주실 것이요 찾으라 그리하면 찾아낼 것이요 문을 두드리라 그리하면 너희에게 열릴 것이니 구하는 이마다 받을 것이요 찾는 이는 찾아낼 것이요 두드리는 이에게는 열릴 것이니라.”[17] 주님은 또한 “진리를 알지니 진리가 너희를 자유케 하리라”고 말씀하셨다.[18] 그러므로 우리가 성령의 은사들에 관하여 이해하고 활용하는 것은 우리들이 하나님이 원하시는 대로 살며 행하게 되는 일에 있어서 중요한 부분을 차지하는 것이다. 하나님이 우리들을 도우시어, 우리들이 은사에 대한 무지에서 벗어나 은사들을 이해할 수 있게 되기를 바란다.

2. 하나님의 규례와 명령을 등한히 여김

두 번째로, 우리들의 영적 성장을 방해하는 것은 바로 우리들이 하나님과 하나님의 진리를 등한히 여기는 일이다. 우리들 안에 있는 자기 중

---

16) 요 7:17 참조.
17) 마 7:7-8.
18) 요 8:32 참조.

심 의지는 마치 건축할 터를 닦을 때 방해가 되는 거친 나무뿌리들과 같다고 할 수 있을 것이다. 예수님께서는 진리를 잘 알고도 자기의 맡은 일을 신실히 행치 아니한 자들에게는 심판이 있으리라고 선언하셨다.[19] 주님은 말씀하셨다. "그 정죄는 이것이니 곧 빛이 세상에 왔으되 사람들이 자기 행위가 악하므로 빛보다 어둠을 더 사랑한 것이니라."[20]

간단히 말해서, 어떤 사람들은 하나님의 뜻보다는 자기 자신의 길을 원하기 때문에, 영적인 빛보다도 영적인 어둠을 선호한다. 그것이 바로 아담과 하와가 저지른 큰 실수였다. 과거에나 오늘날에나 자기 자신을 첫째로 두는 것이 모든 죄의 뿌리이다. 따지고 보면, 자기중심의 의지와 불순종이 아담과 하와의 하나님과의 교분을 단절시켰으며, 하나님이 창조하신 세상에 영적인 부패의 바이러스가 침투하게 된 것이다. 비참하게 된 아담과 그 아내는 두려워서 주 하나님의 낯을 피하여서, 동산 나무 사이에 숨었다.[21]

만일 우리들이 물리학과 화학, 또는 수학의 원리를 무시한 채 따르지 않는다면, 집을 건축할 수가 없다. 만일 건축자가 가솔린으로 디젤 트랙터를 작동하려 하거나, 설탕으로 시멘트를 개려고 한다면, 또는 집을 기초도 없이 습지에 세우려 한다면, 이는 참으로 어리석은 일일 것이다. 마찬가지로, 만약에 우리들이 하나님의 규례와 약속들을 알면서도 그것들을 무시하면서 우리들의 삶을 위한 하나님의 목적을 충족시킬 수 있다

---

19) 눅 12:48 참조.
20) 요 3:19.
21) 창 3:8 참조.

고 믿는 것은 참으로 무모한 일이다. 사도 바울은 '마음이 굳어짐으로 말미암아 … 총명이 어두워지고 있는 자들' [22]에 대하여 기록하고 있다. 성 어거스틴은 말하기를 '죄는 우리들의 에너지를 그릇된 방향으로 활용하는 것' 이라고 하였다.

예수님은 말씀하셨다. "나는 세상의 빛이니 나를 따르는 자는 어둠에 다니지 아니하고 생명의 빛을 얻으리라." [23] 주님은 또한 불변의 원리를 가르쳐 주셨다. "그러므로 내 말을 듣고 그대로 하는 사람은 반석 위에다 자기 집을 지은 슬기로운 사람과 같다." [24] 우리들이 알면서도 하나님의 뜻을 일부러 등한히 여기면서 하나님을 불순종할 때는, 우리들의 삶과 영원한 축복을 충족시키는 일은 불가능한 것이다. 우리의 창조주 하나님은 우리들이 스스로 할 수 있는 것보다 훨씬 좋은 것들을 마련하고 계시는 것이다. 하나님이 마련하신 것들을 꿈꾸어 보도록 하자.

3. 훈련이 부족한 생활 (An Undisciplined Life)

세 번째로, 영적 성장을 방해하는 요소는 게으름이다. 나태한 습관은 마치 집을 짓는 데 끼어드는 가시덤불 같다. 성경 전도서에서 말씀하시기를, "게으른즉 서까래가 내려앉고 손을 놓은즉 집이 새느니라" [25]고 하

---

22) 엡 4:18 참조.
23) 요 8:12.
24) 마 7:24.
25) 전 10:18.

였다. 집을 짓는 사람을 모름지기 잠에서 깨어, TV를 끄고 일을 시작하여야 한다. 그들은 일터에 규칙적으로 정시에 나와야 하고, 손에 쟁기를 바로 챙기고, 청사진을 따라서 열심히 일하도록 하여야 한다. 일하면서, 주의가 산만하고, 쟁기가 녹스는 것을 방치하고, 조심성 없이 일하는 자는 좋은 집을 지을 수 없다.

그리스도인들도 성령의 은사들을 성실하게 활용할 수 있도록 스스로 수련을 하여야만 한다. 사도 바울이 디모데에게 권면하기를 "너는 진리의 말씀을 옳게 분별하며 부끄러울 것이 없는 일꾼으로 인정된 자로 자신을 하나님 앞에 드리기를 힘쓰라"[26]고 하였다. 우리들에게는 사용되지 않고 잠자고 있는 성령의 은사들이 있다. 만약 도토리를 항아리에 넣어두고만 있다면, 그 도토리는 도토리 나무가 될 수 없는 것이다. 도토리는 나무로 자라날 모든 잠재력을 가지고 있다. 그러나 하나님이 마련하신 옥토에 떨어지지 않는다면, 그것은 결코 싹터 나오지 못한다.

성령의 은사들을 가지고 있다 하여도, 그 은사들은 당신이 발견하고 활용할 때만 꽃을 피울 것이다. 히브리서 기자는 "여러분은 게으른 사람이 되지 말고, 믿음과 인내로 약속을 상속받는 사람들을 본받는 사람이 되어야 합니다"[27]라고 격려하고 있다.

사람은 나태하기 쉽다. 그러기에 많은 사람이 게으름에 빠져있는 것이다. 그러나 훈련된 사람은 적게 일해도 많은 수확을 얻을 것이다. 기원전

---

26) 딤후 2:15.
27) 히 6:12.

431년에 철학자 유리피데스는 말하기를, "당신에게 유익한 것을 괴로워하지 마시오" 라고 하였다. 성령의 은사에 관하여 사도 베드로는 말하기를, "각각 은사를 받은 대로 하나님의 여러 가지 은혜를 맡은 선한 청지기 같이 서로 봉사하라"[28]고 하였다. 성경은 분명히 "맡은 자들에게 구할 것은 충성이니라"[29]라고 가르치고 있다. 충성스러운 청지기들은 곧 성공적인 건축자들이다.

시인 롱펠로우(Henry Wadsworth Longfellow(1807-1882)는 다음과 같이 말하고 있다.

인생은 진실하고 진지한 것이다. 그러기에
무덤이 인생의 목표가 아니다.
당신은 흙으로 돌아갈 존재이라지만,
이는 당신의 영혼에 대하여 말하는 것은 아니지 않나.[30]

우리들은 영원한 나라의 시민이다. 그래서 우리들이 얻을 상은 너무나 큰 것이기에, 그것이 하나님이 주시는 최선의 것 이하의 어떤 것이 되어서는 안 된다. 하나님께서 우리들에게 주시고자 하시는 것 중에 하나가

---

28) 벧전 4:10.
29) 고전 4:1-2.
30) Henry Wadsworth Longfellow, "A Psalm of Life," *The Complete Poetical Works of Henry Wadsworth Longfellow* (Boston and New York : Houghton, Mufflin & Company, 1902), p. 3.

바로 우리에게 주신 성령의 은사들을 최대한으로 활용하는 것이다. 그 길로 우리를 인도하기 위하여 하나님께서는 우리들이 그 무지와, 불순종 그리고 훈련되지 못함의 함정을 정복하도록 도우신다. 성경은 우리들이 하나님의 지혜와, 능력 그리고 하나님의 목적을 받아들이라고 요구한다. 하나님의 계획은 선한 것이다. 하나님의 계획은 우리가 꿈꾸는 것보다 더 좋은 장래로 우리를 인도할 것이다.

신약이 말하는 성령의 은사는 무엇인가?

Dispelling the Haze

신약이 말하는
성령의 은사는 무엇인가?
Dispelling the Haze

신약성경은 성령의 은사들에 대하여 논리적으로 설명하는 사전적 정의를 내리고 있지는 않다. 그러한 점에서는 다른 중요한 교리에 대해서도 마찬가지이다. 예를 들면, 성경에는 삼위일체, 세례, 그리스도의 대속, 성화 등에 대하여 논리적으로 설명하는 논문들이 없다. 그렇지만 성경은 이런 중요한 일이나 교리에 관하여 충분히 알만큼 이야기 하고 있으며 또한 가르치고 있다. 솔직히 말해서 성경은 교리적 논문이나 어떤 교리문답서가 아니다. 성경은 예수님의 오심과 그의 구속적 사역을 중심으로 하는 하나님의 역사에 관한 이야기를 전하고 있는 것이다.

성경이 성령의 은사들에 관하여 학문적인 논문을 포함하고 있는 것은 아니라 하더라도, 성경은 성령의 은사에 대하여 많은 것을 계시하고 있다. 신약성경은 성령의 은사의 종류를 역사적 배경과 함께 설명하고 있다. 예를 들면, 사도행전에는 성령의 은사들을 활용하고 있는 사람들에 대한 실례들이 넘쳐난다. 또한 바울, 베드로 등의 사도들과 그 외 신약성경의 저자들도 성령의 은사라는 주제에 관하여 중요한 언급들을 하고 있다.

신약성경에서 성령의 은사를 말함에 있어 가장 많이 사용되고 있는 단어는 헬라어 카리스마(charisma)이다. 이 단어는 카리스마타(charismata)의 복수 명사이다.[1] 카리스마라는 말은 헬라어의 카리스(charis)에서 왔는데, 이는 '은혜', '좋은 뜻', '사랑', 또는 '사랑하며 친절한' 이라는 의미를 가지고 있다. 그러므로 성령의 은사는 사람이 자기의 공로를 떠나서 받는 '호의' 또는 '혜택' 으로서, '은총의 선물' 인 것이다. 성령의 은사들은 그리스도인이 그리스도와 다른 사람들에게 봉사하도록 성령께서 주시는 것으로서, 하나님이 주시는 능력이다. 이런 카리스마타(은사)는 그리스도인이 자신들의 자연적인 능력이나 인간의 재능 이상으로 훌륭하게 일할 수 있도록 한다.

우리들은 아래에 말한 세 가지 원칙을 파악하므로 성령의 은사들을 보다 잘 이해하게 될 것이다.

---

1) 예를 들면, 이 단어는 다음 구절에서 사용되고 있다. 롬 12:6; 고전 1:7;12:4,9,28,30,31, 딤전 4:14; 딤후 1:6 벧전 4:10.

* 성령의 은사들은 성령으로부터 오는 것이지, 교회나 목사님, 부모 또는 인간의 결정으로부터 오는 것이 아니다.

"이 모든 일은 같은 한 성령이 행하사 그 뜻대로 각 사람에게 [은사를] 나눠 주시느니라."[2]

* 성령의 은사들은 하나님이 주신 능력으로서, 이 능력이 우리들로 하여금 자연적 능력이 할 수 있는 것 이상의 일을 하게 만든다.

"오직 성령이 너희에게 임하시면 너희가 권능을 받고 예루살렘과 온 유대와 사마리아와 땅 끝까지 이르러 내 증인이 되리라 하시니라."[3]

* 성령의 은사들로 인하여 우리들에게는 책임이 있게 된다. 하나님은 그 책임에 대하여 우리들이 충성하기를 기대하신다.

"이는 우리가 다 반드시 그리스도의 심판대 앞에 나타나게 되어 각각 선악 간에 그 몸으로 행한 것을 따라 받으려 함이라."[4]

신약성경을 보면 20가지의 은사가 있다. 사도 바울은 이것들은 4개 종류로 분류하였다. 때로 그리스도인들은 은사가 이것이 전부인가, 아니면 더 있는가 하고 논의하기도 한다. 우리들이 그 이상의 은사들을 첨가할 수도 있는 것일까? 또는 그렇게 하여야만 하는 것일까?

위에서 말한 것 이외에도 성령의 은사들이 더 있을지 모르지만, 신약성경 저자들은 그 이외의 것들에 대하여는 기록하고 있지 않다. 성경은

---

2) 고전 12:11.
3) 행 1:8.
4) 고후 5:10.

손님 접대하는 일, 노래하는 일 그리고 거짓 교사들에 반대하여 믿음을 지키는 일들에 대하여도 언급하고 있다. 그러나 그런 선행(good works)이 은사는 아니다. 그런 일들은 성령의 은사에 따라 행한 직무(ministry)인 것이다.

또한 신약성경은 순교, 독신생활, 고통과 박해를 받은 일들에 대하여서도 언급하고 있다. 이런 도전과 기회에 당면한 신자에게는 특별한 은혜가 필요하다. 그러나 우리는 그런 것들을 성령의 은사 자체라고 보지는 않는다.

사도 바울은 고린도전서에서 성령의 은사들에 대하여 다음과 같이 말하고 있다.

"은사는 여러 가지나 성령은 같고 직분은 여러 가지나 주는 같으며 또 시역은 여러 가지나 모든 것을 모든 사람 가운데서 이루시는 하나님은 같으니."[5]

여기서 사도 바울이 세 개의 명사를 사용하고 있는 것을 주목하라. 그는 은사들(gifts)이 여러 가지이고, 직분들(ministries)이 여러 가지이고, 그리고 사역들(effects)이 여러 가지라고 말하고 있다. 여기에서 우리는 다음과 같이 추측할 수 있다. 곧 은사는 직분을 통하여 흘러나오고, 사역(곧 결과)에 이르게 한다는 것이다.

우리는 신약성경이 언급하고 있는 성령의 은사들 이외의 은사를 말해서는 안 된다. 또한 동시에 신약성경이 분명하게 언급하고 있는 은사들

---

5) 고전 12:4-6.

중 그 어느 것도 삭제해서는 안 된다. 우리들은 신약성경을 신뢰해야 하며 쓸데없는 추측이나 생각을 해서는 안 된다. 언제나 성경이 신앙 지식의 최종적 원천이기 때문이다.

여러 세기를 거쳐 오면서, 하나님의 사람들은 "주의 말씀은 내 발에 등이요 내 길에 빛이니이다"[6]라고 고백하였다. 그리스도인들은 "주의 말씀을 열면 빛이 비치어 우둔한 사람들을 깨닫게 하나이다"[7]고 기도한다. 누가는 베뢰아에 있는 그리스도인들에 관하여 "베뢰아의 유대 사람들은 데살로니가의 유대 사람들보다 더 고결한 사람들이어서, 아주 기꺼이 말씀을 받아들이고, 그것이 사실인지 알아보려고 날마다 성경을 상고하였다"[8]라고 기록하고 있다. 그러므로 우리들의 주장은 성경이 말하고 있는 것과 일치하여야 한다.

사도 바울은 고린도의 교인들에게 이사야서의 말씀을 인용하면서 "내가 지혜로운 자들의 지혜를 멸하고, 총명한 자들의 총명을 폐할 것이다"[9]라고 말하였다. 이어서 그는 "우리가 이것을 말하거니와 사람의 지혜가 가르친 말로 아니하고 오직 성령께서 가르치신 것으로 하니 영적인 일은 영적인 것으로 분별하느니라"[10]고 하였다. 존 웨슬리는 "나는 성경 고집쟁이다. 나는 큰일에서나 작은 일에서나 성경을 따른다"라고 하였

---

6) 시 119:105.
7) 시 119:130.
8) 행 17:11-12.
9) 고전 1:19, 사 29:14.
10) 고전 2:13.

다.[11] 모든 개신교의 신조를 보면 모두 웨슬리의 입장과 같이 성경을 존중하고, 성경의 최종 권위를 주장하는 조문이 있다.

그러므로 우리들은 신약성경이 열거하고 있는 20개의 성령의 은사들을 믿는다. 이 은사들은 그리스도인의 모든 직분과 연관되어 있다. 우리는 성경에 근거하여 이 성령의 은사들에 관하여 연구하고자 한다.

사도 베드로도 성령의 은사들에 관하여 언급하고 있다. 그러나 그는 사도 바울과 같이 은사들의 목록을 만들어 설명하지 않았다. 베드로는 하나님이 주신 성령의 은사들을 충실히 사용하여 하나님께 영광을 돌리라고 격려하고 있다. 그는 다음과 같이 기록하였다.

"각각 은사를 받은 대로 하나님의 여러 가지 은혜를 맡은 선한 청지기같이 서로 봉사하라 모두 자기가 받은 은사를 따라서 하나님의 여러 가지 은혜를 맡은 선한 관리인으로서 서로 봉사하라 만일 누가 말하려면 하나님의 말씀을 하는 것 같이 하고 누가 봉사하려면 하나님이 공급하시는 힘으로 하는 것 같이 하라 이는 범사에 예수 그리스도로 말미암아 하나님이 영광을 받으시게 하려 함이니 그에게 영광과 권능이 세세에 무궁하도록 있느니라."[12]

여기서 베드로는 성령의 은사들을 목록으로 만들어 설명한 것이 아니라 그저 두 개로 분류하고 있을 뿐이다. 그 두 개란 곧 말하는 은사와 행동하는 은사이다. 말하는 은사들은 가르치는 것과 같이 말을 사용하는

---

11) 요한 웨슬리의 1766년 6월 2일의 일기를 보라.
12) 벧전 4:10-11.

은사이다. 그리고 실천적인 은사들은 관리 행정과 같이 행동을 포함한 은사들이다. 물론 교사도 봉사하여야 할 것이고, 관리자도 말을 하여야 할 것이다. 그럼에도 불구하고, 베드로가 말하는 대로, 어떤 은사들은 주로 말을 사용하고, 어떤 은사들은 주로 행동하는 것이라는 것이다.

히브리서도 성령의 은사들에 관하여 언급하고 있다. 그러나 여기에서도 사도 바울이 했듯이 특별히 은사들을 목록으로 열거하고 있지는 않다. 히브리서 기자는 "하나님도 표적들과 기사들과 여러 가지 능력과 및 자기의 뜻을 따라 성령이 나누어 주신 것으로써 그들과 함께 증언하셨느니라"[13]고 하면서 성령의 은사들은 하나님께서 이 세상 속에서 역사하시는 일 가운데 하나라고 설명하고 있다. 하나님께서 우리들에게 주신 은사가 어떤 것이었든, 우리들이 그 은사들을 활용함으로서 모든 일에 있어 하나님께서 예수 그리스도를 통하여 영광을 받으실 것이다.

사도 바울이 로마서, 고린도전서, 에베소서에서 설명하고 있는 성령의 은사들을 아래 표에 열거하여 보았다. 이 외에도 신약성경에 성령의 은사들에 대한 언급이 있지만, 그 언급들 역시 모두 옆의 표에 있는 은사에 관한 것이다.

다음 3장에서는, 신약성경이 말하는 20개의 성령의 은사 하나하나에 대하여 구체적으로 설명하겠다. 이 은사들에 대하여 연구함으로 여러분은 하나님께서 모두의 유익을 위하여 교회에 주신 각 카리스마의 차이점을 보다 잘 이해하게 될 것이다.

---

13) 히 2:4.

로마서 12:6-8	고전 12:4-11	고전12:28-30	에베소서 4:11
예언의 은사	예언의 은사	예언의 은사	예언의 은사
가르치는 은사		가르치는 은사	가르치는 은사
봉사의 은사			
권면의 은사			
구제의 은사			
도움을 주는 은사			
자선의 은사			
	병 고치는 은사	병 고치는 은사	
	능력 행함의 은사	능력 행함의 은사	
	방언의 은사	방언의 은사	
	방언 통역의 은사	방언 통역의 은사	
	지혜의 말의 은사		
	지식의 말의 은사		
	믿음의 은사		
	영분별의 은사		
		사도직의 은사	사도직의 은사
		남을 돕는 은사	
		관리의 은사	
			전도
			목양

설사 여기에서 설명하는 그런 은사들을 여러분이 가지고 있지 않다고 할지라도, 그런 은사들을 이해함으로 해서, 여러분은 자신의 생의 질을 높일 수 있게 될 것이다. 예를 들어서, 당신은 남에게 주는 은사, 동정의 은사, 가르치는 은사 또는 행정의 은사를 가지고 있지 않은지도 모른다. 그러나 이런 은사들에 대하여 공부함으로, 여러분은 여러분의 삶에서 관용과, 나눔, 그리고 남을 돌보며 나누는 일을 더 잘 하게 될 것이다. 여러분에게 그런 은사가 없다 하더라도, 하나님은 그런 은사들의 속성을

가지고 여러분의 삶을 넓히고 깊게 하실 수 있다. 은사들에 관한 공부를 함으로 더 나아가 여러분은 다른 사람들이 가지고 있는 은사와 직분들을 잘 식별할 수 있을 것이다.

여러분은 또한 하나 또는 그 이상의 성령의 은사가 자기 안에서 공명하게 되는 것을 발견하게 될 것이다. 아니, 성령께서는 그가 여러분에게 주신 은사들, 그리고 특별한 은사를 발견하는 일을 도와주시고 있는 것이다. 성령께서 여러분에게 하시는 조용한 음성에 귀를 기울이라. 아마도 성령께서는 여러분에게 말씀하고 계시며, 여러분의 성령의 은사 또는 은사들을 발견하도록 도와주고 있을 것이다. 하나님은 여러분이 태어난 때부터 여러분을 지켜오셨다. 그리고 하나님은 그가 여러분에게 주신 카리스마타를 알려주시기를 원하고 계시다. 무명의 시인이 쓴 다음과 같은 시는 우리들에게 격려가 된다.

하나님께 다가오는 사람에게는 누구에게나 그가 불신의 어둠 속에서 한 발짝만 다가오더라도 하나님은 그에게 빛을 비치시며, 한 마일이나 앞서 나올 것이다.

성령은 우리들을 깨우쳐 성경을 이해하게 하신다. 우리의 삶이 진리에 곧게 설 때, 하나님께서 우리를 낮의 태양보다도 더 밝은 장래의 빛으로 인도하고 계심을 발견하게 된다.

각각의 성령의 은사와 기능들

Detecting the Treasure

각각의 성령의 은사와 기능들
Detecting the Treasure

우리가 성령의 은사들을 정의하는 데 있어 그 말들의 현대적 의미를 전적으로 따르지는 않을 것이다. 사전들이 그 말들의 성서적이며 신학적인 의미를 늘 반영하여 담고 있는 것은 아니기 때문이다. 그러므로 성경이 말하는 교리들을 공부함에 있어서는 바른 방법을 적용하여야 한다. 그래서 여기 3장에서는 다음의 성서 해석의 원리를 따를 것이다.

- 신약성경에서 성령의 은사들에 대하여 사용되고 있는 용어의 의미.
- 신약시대 교회에서의 성령의 은사들의 활용
- 기독교 전통에서 저명한 신학자들의 평가와 해석.

● 성령 충만한 그리스도인들의 이론과 체험들.

이제 이러한 기초에 근거하여 바로 앞의 장에 열거한 성령의 은사들을 그 순서대로 정의내려 보고자 한다.

1. 예언의 은사(Prophecy)

능력있고 분명한 성경적 계시를 오늘날 적용되는 진리로 설명하는 은사[1]

예언을 의미하는 헬라어 푸로페테이아(propheteia)는 '직설적으로 말한다', '공개적으로 말한다', 또는 '알게 한다' 는 의미이다. 신약성경에서 이 말은 주로 주님의 마음과 생각을 선포하는 것을 말한다. 구약성경의 예언자들은 주로 구원에 대한 하나님의 약속과 목적, 그리고 장차 메시아와 그의 왕국이 올 것을 선포하였다. 신약성경에서의 예언은 주로 예수 그리스도가 하나님이라는 사실에 집중하였다. 이 사실은 사도 바울의 다음과 같은 말에 의하여 뒷받침되고 있다. "내가 받은 것을 먼저 너희에게 전하였노니 이는 성경대로 그리스도께서 우리 죄를 위하여 죽으시고, 장사 지낸 바 되셨다가 성경대로 사흘 만에 다시 살아나사…"[2]

사도 베드로는 예언의 은사는 바로 '하나님의 말씀을 말하는 것' 으로

---

1) 롬 12:6; 고전 12:10, 28; 엡 4:11.
2) 고전 15:3-4.

묘사하고 있다. 예언의 은사는 인간에서 시작되거나 인간의 권위에서 나오는 것이 아니다. 예레미야 선지자가 "여호와께서 그의 손을 내밀어 내 입에 대시며 여호와께서 내게 이르시되 보라 내가 내 말을 네 입에 두었노라"[3]고 말했듯이, 이는 하나님께로부터 오는 것이다.

오늘날에 있어, 이 은사의 중요한 목적은 앞으로 있을 일을 미리 알리는 것이라기보다는 선언하는 것, 다시 말해서 앞의 일을 말하는 것이 아니라, 직설적으로 말하는 것이다. 신약성경에는 장래 일을 앞서 말한 경우들도 있다. 예를 들어, 사도 바울이 배가 파손될 것을 미리 알았고 또한 배가 파손되어도 이 배만 잃을 뿐 그들 가운데 한 사람도 목숨을 잃지는 않을 것임을 미리 알았다.[4] 그러나 예언의 은사는 주로 어떤 특수한 사람과 일들에게 하나님의 진리를 선포하는 것을 말한다. 그러므로 우리는 예언의 은사는 사람으로 하여금 하나님의 말씀을 이해하도록 하여 그 진리를 깊이와 능력으로 효과적으로 적용할 수 있게 하는 은사라고 정의할 수 있다. 그리하여 하나님께서는 이 예언의 은사를 사용하시어 가르치며, 격려하며, 상담하며, 덕을 세우게 하시는 것이다.[5]

신약성경은 양의 옷을 입고 나아오나 속은 노략질하는 거짓 선지자들을 삼가라고 경고한다.[6] 예수님도 "거짓 선지자가 많이 일어나 많은 사람을 미혹하겠다"[7]고 말씀하셨다. 성경은 다음과 같은 세 가지 종류의

---

3) 렘 1:9.
4) 행27:10,21-22 참조.
5) 고전 14:3 참조.
6) 마 7:15 참조.
7) 마 24:11.

거짓 선지자가 있다고 말하고 있다. (1) 우상과 거짓 신들을 예배하며 섬기는 자들 (2) 하나님으로부터 메시지와 계시를 받았다고 거짓 주장하는 자들 (3) 전에는 선지자였으나 지금은 하나님으로부터 떠나 하나님을 순종하지 않는 자들.

우리들은 그들이 거짓 선지자들이라는 것을, 그들에게 선한 열매가 없고 악한 열매가 있음을 보고 알 수 있다. 만약에 어떤 사역자가 그리스도를 영광스럽게 하지 않고 또한 사람들을 그리스도에게서 떠나게 한다면, 그의 사역은 거짓인 것이다. 아마도 어떤 거짓 선지자들은 큰 표적과 기사를 행하여 보일지도 모른다.[8] 또한 알랑거리는 말들과 공허한 약속들 때문에 한때는 인기를 누릴지도 모른다. 그러나 기억할 것은, 거짓 선지자들에 대한 하나님의 진노는 엄하다는 것이다.[9] 사도 요한은 다음과 같이 경고한다. "사랑하는 여러분, 어느 영이든지 다 믿지 말고, 그 영들이 하나님께로부터 왔는가를 시험해 보십시오. 거짓 예언자가 세상에 많이 나타났기 때문입니다."[10] 신앙에 관한 이야기들은 모두 성경으로 점검하여야 한다.

사도 바울은 예언의 은사를 교회에 주어진 중요한 은사들 중의 하나로 취급하고 있다.[11] 사도 바울은 신자들에게 "성령을 소멸하지 말며 예언을 멸시하지 말고 범사에 헤아려 좋은 것을 취하고 악은 어떤 모양이라

---

8) 마 24:24 참조.
9) 신 13:1-18 참조.
10) 요일 4:1.
11) 고전 12:28 참조.
12) 살전 5:19-22.

도 버리라"[12]고 간곡히 권한다. 예언의 은사는 주로 오늘의 세계를 향하여 하나님의 복음을 선포케 하는 것이지만, 때로는 사람으로 하여금 교회가 본래의 모습과 사명으로 돌아서도록 하기도 한다.

2. 가르치는 은사(Teaching)

하나님의 진리를 이해하고 이를 분명하게 전달하여 다른 사람들이 그 진리가 그들의 삶에 필요하며 중요하다는 것을 깨닫게 하는 은사[13]

신약성경에서 사용하고 있는 원어 didaskalia(디다스카리아)는 '가르친다' 는 뜻이다. 그리하여 가르침을 받은 '교훈' 또는 '교리' 를 의미하기도 한다.[14] 헬라어의 didaskalos (디다스카로스)는 교사, 곧 하나님의 진리나 인간의 의무를 가르치는 자를 뜻한다.[15] 가르치는 은사는 하나님께서 주신 능력으로서 성경에 계시된 하나님의 진리를 설명하고 적용시키는 일을 하게 한다. 이 은사는 어떤 일을 전하되 능숙하게 전할 수 있도록 한다. 하나님은 이 은사를 통하여 교사들로 하여금 기독교의 교리 또는 성경의 주제들의 핵심을 파악하여 남에게 전할 수 있도록 돕는 것이다.

오늘에 있어 사탄의 거짓말에 속임을 당한 자들이 그릇된 교훈과 거짓으로 우리들을 공격하고 있기 때문에, 우리들은 하나님의 진리를 바르게

---

13) 롬 12:7, 고전 12:28, 엡 4:11 참조.
14) 교훈(didactic)라는 말이 바로 이 말(didaskalia)에서 나왔다.
15) J.H. Thayer, Greek-English Lexicon of the New Testament, p.144

가르치는 교사들이 필요하다. 예수님은 말씀하시기를, "그러므로 누구든지 이 계명 중의 지극히 작은 것 하나라도 버리고 또 그같이 사람을 가르치는 자는 천국에서 지극히 작다 일컬음을 받을 것이요 누구든지 이를 행하며 가르치는 자는 천국에서 크다 일컬음을 받으리라"[16]고 하셨다.

유명한 교회 역사가 중 한 사람은 다음과 같이 말하였다. "옛날 하나님께서 모세를 통하여 행한 기사 이적이 당시의 애굽의 악한 술법과 대결하였듯이, 오늘날 하늘에서 내린 사도들의 진리가 이단의 유령들과 대결하고 있다…. 진리의 영이 보다 강하게 일어나면, 거짓 영도 보다 활발히 역사한다. 하나님께서 교회를 세우시면, 마귀가 바로 옆에 자기 성전을 세운다."[17] 베드로는 다음과 같이 미리 경고하였다. "그러나 백성 가운데 또한 거짓 선지자들이 일어났었나니 이와 같이 너희 중에도 거짓 신생들이 있으리라 그들은 멸망하게 할 이단을 가만히 끌어들여 자기들을 사신 주를 부인하고 임박한 멸망을 스스로 취하는 자들"[18]이라는 것이다. 거짓 교사들이야 말로 하나님께서 혐오하시는 존재이다.[19]

가르치는 은사란 어떤 개인이 자기의 의견이나 직감을 전하는 것을 말하지 않는다. 이 은사는 초대 사도들의 믿음에 충실하여야 하는 것이다. 예수님께서는 그가 명한 모든 것을 가르치라고 그의 제자들에게 명령하

---

16) 마 5:19.

17) Phillip Schaff, History of the Christian Church, 8 vols. (Grand Rapids: Wm. B. Eerdmans Publishing Company, 1950), 1:565.

18) 벧후 2:1.

19) 딤전 1:6-7, 4:1-2, 딛 1:10-11 참조.

20) 마 28:20 참조.

셨다.[20] 사도 바울은 디모데에게 쓴 편지에서 거짓 교사들에 대하여 말하기를, 이들은 하나님의 말씀에 근거하지 않은 다른 교훈을 가르치는 자들로, 교만하여 아무 것도 알지 못하고 변론과 언쟁을 좋아하는 자니 이로써 투기와 분쟁과 비방을 낳게 하는 자들이라고 했다.[21]

사람들이 예수 그리스도의 제자가 되면, 그들은 성령의 은사를 받은 교사들로부터 교육을 받아야 한다. 가르치는 은사는 바로 하나님이 주신 능력으로서, 이를 통하여 하나님의 말씀을 바로 이해하며 이를 효율적으로 다른 사람들에게 전하여 그들의 생각과 행동 그리고 세계관에 영향을 주는 것이다. 가르치는 은사는 결국 그리스도인들을 성숙과 성결로 인도하며, 선한 일을 하도록 이끄는 것이다.

바른 가르치는 은사는 교회의 유익을 위하여 대단히 중요하기 때문에, 성경은 "내 형제들아 너희는 선생된 우리가 더 큰 심판을 받을 줄 알고 선생이 많이 되지 말라"[22]고 경고하였다. 그리스도인 교사들은 자기 자신의 능력에 의존하여서는 안 된다. 하나님의 진리를 바로 분별하고 가르치는 능력은 성령의 초자연적인 도우심을 따라서만 가능한 것이다. 그럼에도 불구하고 하나님은 교사들이 맡겨진 직분을 위하여 공부하고 교안을 준비하기를 기대하신다. 미국 격언에 이런 말이 있다. "준비에 실패하는 것은 바로 실패를 준비하는 것이다."

만약에 예언자가 우리를 일하라고 부르는 사람이라면, 교사는 우리들

---

21) 딤전 6:3-4 참조.
22) 약 3:1.

에게 바른 교훈을 주어 우리의 갈 길을 인도하는 사람이다. 예언자가 하나님의 말씀을 외친다면, 교사는 그 하나님의 말씀을 설명한다. 성령께서는 교사들에게 이 은사와 더불어 진리에 대한 간절한 관심과 공부에 대한 사랑을 주신다. 교사들은 단순한 사람의 전통을 피하고 성경에 계시된 하나님의 메시지를 가르친다.

그런데 유감스럽게도 가르치는 일을 하고 있는 어떤 사람들은 성령의 가르치는 은사를 가지고 있지 않다. 사무엘 버틀러(Samuel Butler)는 "대학교의 교수들은 젊은이들을 교육하기에 너무 바빠서 그들에게 아무것도 가르칠 수가 없다"고 불평한 적이 있다. 성령께서는 교사들이 영적 진리를 사람들에게 효율적으로 전달할 수 있는 능력을 주신다. 그런 가르침이 다른 사람들의 생각과 마음에 스며들게 되어, 하나님의 진리가 사람들의 이해를 깨우치며 그들의 삶을 변화시킨다.

3. 봉사의 은사 (Serving)

성령의 영감에 따른 봉사를 통하여 다른 사람들의 부담을 덜어주며 그들이 보다 많은 사역을 할 수 있도록 다른 사람들을 지원하는 은사[23]

신약성경은 하나님의 말씀에 따라 사랑으로 다른 사람들을 봉사하는 사람들에 대해 말할 때 디아코니아(diakonia)라는 말을 사용하고 있다. 어떤 사람들은 이 말을 번역할 때 그 낱말의 뜻을 풀어서, '사역

---

23) 롬 12:7.

(ministry)', '봉사(service)', '남을 봉사하는 일', '남을 도와주는 것' 이라고도 한다. 봉사의 은사는 사람에게 하나님의 부르심을 받아 여러 가지 사역하는 사람들의 매일 매일의 필요를 이해하고 도와주고자 하는 마음과 능력을 채워준다. 예수님은 당신 자신이 '섬기는 자'로 이 세상에 왔다고 하셨다.[24]

사도행전을 보면, 집사들은 봉사를 하여 사도들이 기도와 말씀 전하는 일을 자유롭게 할 수 있게 하였다.[25] 한 무명의 시인이 봉사의 은사를 가지고 있는 그리스도인의 정신을 다음과 같이 표현하였다.

봉사는 그 자체가 결코 적은 것이 아니다,
지구보다 크지는 못하지만.
그러나 자기 자신을 위한 봉사는 적고
하나님의 뜻을 구하는 봉사는 크다.

집사(deacon)라는 말은 다른 사람들의 필요를 돌보는 일에 있어서의 겸손과 기쁨을 함축하고 있다. 봉사하는 사람은 말로만 사람들을 섬기는 것이 아니라 실제로 행동으로 봉사한다. 봉사의 은사는 남에게 봉사하되 적절하게, 바른 시간에, 바른 방법으로, 그리고 바른 태도로 하게끔 한다.

---

24) 눅 22:27
25) 행 6:4

바울은 자신의 편지 마지막에서 종종 자기를 도와서 자기의 사역을 넓힐 수 있게 한 사람들의 이름을 언급한다. 예를 들면, 바울은 오네시보로가 얼마나 자기를 돕는 선한 일을 하였는가를 언급하였다. "그가 나를 자주 격려해 주고 내가 사슬에 매인 것을 부끄러워하지 아니하고 로마에 있을 때에 나를 부지런히 찾아와 만났음이라 (원하건대 주께서 그로 하여금 그 날에 주의 긍휼을 입게 하여 주옵소서) 또 그가 에베소에서 많이 봉사한 것을 네가 잘 아느니라."[26] 또 사도 바울은 자기 자신의 봉사가 "성도들에게 기쁜 선물이 되도록" 기도하였다.[27]

이 봉사의 은사를 활용하는 사람들은 다른 사람들이나 기관들이나 사업들을 봉사하는 일에 장기간 기쁨으로 헌신한다. 이 은사로 일하는 그리스도인은 자기 이익이나 또는 다른 사람들에게 인정을 받기 위하여 봉사하지 않는다. 이 사람들은 자기 사역을 드러냄 없이 다른 사람들을 섬긴다. 이들은 자기들이 봉사하는 일 가운데서 만족과 기쁨을 누리며, 다음과 같은 예수님의 말씀에서 만족을 느끼는 것이다. "너희 중에 큰 자는 너희를 섬기는 자가 되어야 하리라."[28] 봉사자들이 받는 상급은 클 것이다. 주님께서 약속하시기를, 주님께서 다시 오실 때 봉사한 자들은 식탁으로 초대할 것이며, "주인이 띠를 띠고 그 종들을 자리에 앉히고 나아와 수종들리라"고 했다.[29]

---

26) 딤후 1:16-18.
27) 롬 15:31.
28) 마 23:11.
29) 눅 12:37.

4. 권면의 은사 (Exhortation)

동정 어린 이해와 성경의 말씀으로 사람들이 바른 태도와 행동을 할 수 있도록 위로하고 격려하는 은사[30]

신약성경의 파라카론(parakalon)이라는 헬라어는 '권고한다 (exhort)', '격려한다(encourage)', '재촉하다(urge)', 또는 '위로하다 (comfort)' 라는 뜻으로 번역된다. 이 말은 예수님께서 성령을 가리킬 때 사용하신 말 "내가 아버지께 구하겠으니 그가 또 다른 보혜사 (paraklatos)를 너희에게 주사 영원토록 너희와 함께 있게 하리니"[31]와 같은 말이다. 이 말은 '격려한다', '위로한다', '경고한다', '대언한다', '도와준다', '탄원한다' 는 의미를 가지고 있다.[32] 이 성령의 은사는 사람으로 하여금 다른 사람 곁에(para) 와서 그들은 격려하고 그들의 잠재력을 불러내도록(kaleo) 하게끔 한다. 바울은 "그러므로 피차 권면하고 서로 덕을 세우기를 너희가 하는 것 같이 하라"[33]고 말하였다.

성경이 말하는 권면은 다른 사람들의 실수나 결점들을 호되게 꾸짖는 것을 의미하지 않는다. 도리어 격려하는 자로서 그들을 인도하며 일어서게 하여 앞으로 나갈 수 있도록 도와주는 것이다. 사랑과 동정, 그리고 이해는 권고하는 자들에게 능력을 불어넣어서 다른 사람들로 하여금 하

---

30) 롬 12:8.

31) 요 14:16,25, 15:26.

32) J. H. Thayer, Greek-English Lexicon of the New Testament, pp. 482-483.

33) 살전 5:11.

나님께서 그들을 위하여 마련하신 밝은 장래가 있다는 것을 믿게 한다. 권면은 늘 사람들을 격려하여 그들이 보다 향상되도록 하는 것을 목적으로 삼는 것이지만, 때로는 다른 사람의 필요를 지적하여 그들의 나쁜 습관을 바꾸도록 한다.

예레미야 선지자는 말하기를 격려하는 자는 바로 "광야에서 은혜를" 사역하는 자라고 했다.[34] 신약성경은 바나바를 '권위자(위로의 아들)' 이라고 불렀다. 그야말로 그는 권고의 화신이었다. 그는 예루살렘에 있는 제자들이 위대한 사도 바울을 만나기를 꺼릴 때에, 사도 바울 곁에 와서 바울을 도왔다. 바나바는 또한 제 1차 선교 여행 때 선교팀으로부터 거절당한 마가를 위로하며 함께 데리고 갔다(행 15:36-40 참조). 권면의 은사는 사람으로 하여금 웃는 얼굴과 마음으로 다른 사람들이 가지고 있는 좋은 것을 끄집어낼 수 있게 만든다.

디모데도 또한 권위자였다. 바울은 디모데에게 편지하기를 "히나님 앞과 살아 있는 자와 죽은 자를 심판하실 그리스도 예수 앞에서 그가 나타나실 것과 그의 나라를 두고 엄히 명하노니 너는 말씀을 전파하라 때를 얻든지 못 얻든지 항상 힘쓰라 범사에 오래 참음과 가르침으로 경책하며 경계하며 권하라"[35]고 하였다. 그리스도인 권위자는 솔직하게 말하되, 친절하고 희망적으로 말한다. 그들이 다른 사람들을 권면할 때는 말하고자 하는 바를 똑바로 전하여, 그들이 자신들의 시야를 높이고, 목

---

34) 렘 31:2.
35) 딤후 4:1-2.

표를 정화하며, 하나님을 향한 헌신을 깊게 하도록 도와준다.

5. 구제의 은사 (Giving)

다른 사람들을 도와주며, 사람들의 삶과 교회 사역에서 하나님의 일이 진전되도록 돕기 위하여 관대하게 물질이나 금전을 공급하는 은사[36]

신약성경에 있는 메타디도우스(metadidous)라는 단어는 '주는 사람, (물건을) 나누는 사람"이라는 뜻이다. 이 단어는 동사 디도미(didomi)에서 왔는데, 이 말은 '열매를 나게 한다', '씨앗에서 자라나온다' 는 의미를 함축하기도 한다. 또 어떤 신약성경 번역본에서는 이 말을 '기부하는 사람', '자선사업을 돕는 자', '값을 받지 않고 주는 자', 그리고 '구제금을 주는 자' 로 번역하고 있다. 사람들이 실제로 필요한 것들에 대해 물질들을 적절히 분배해 주어야 한다.

구제의 은사는 사람을 감동하여 지혜로운 분배 사역을 할 수 있게 한다. 구제의 은사를 가진 그리스도인은 사랑과 관용으로 가득 찬 마음으로 봉사한다. 하나님의 사람들은 하나님의 사랑을 얻으려고 또는 사람들의 칭찬을 얻으려고 봉사하는 것이 아니다. 저들은 하나님이 자신들에게 주신 은혜에 감사하는 마음에서 남에게 주는 것이다. 저들은 영원에 투자하는 지혜로운 자들이다.

구제의 은사를 가진 사람은 남에게 주되, 무분별하게 주지 않는다. 그

---

36) 롬 12:8.

들은 바른 식견과 판단을 가지고 행한다. 지혜롭지 못하게 남에게 주는 것은 축복보다는 해를 초래할 수 있다. 그리하여 관대히 기쁨으로 주는 사람은 자기들이 슬기롭게, 그리고 기쁨으로 이기심 없이 물건을 남과 나눌 수 있게 되기 위하여 지혜를 달라고 하나님께 기도하여야 한다. 한 무명의 시인이 다음과 같은 격려의 시를 썼다.

주는 자들이여, 힘을 주라, 생각을 주라, 행동을 주라, 재물을 주라;

사랑을 주라, 눈물을 주라, 그리고 자신을 주라.

주라, 주라, 항상 주라.

주지 않는 자는 살아 있는 것이 아니다.

당신이 더 많이 줄수록, 당신은 더 많이 사는 것이다.

적절한 때에 신중하게 주는 선물은 받는 사람들에게 이중적 축복이 된다. 구제하는 자들은 자신들의 능력에 따라 남에게 줄 때에 하나님께서 그들이 주는데 있어 더 많은 것을 할 수 있도록 하시는 것을 알게 된다. 남에게 주는 은사를 가지기 위하여 부자가 되어야 할 필요는 없다. 어떤 사람은 없는 가운데서도 기쁨으로 남에게 준다. 하나님께서는 그릇된 정신으로 또는 그릇된 일에 많은 돈을 주는 것보다는 '과부의 렙돈'을 더 귀하게 여기신다.[37] 우리들이 보다 더 관대해지면, 하나님께서는 우리들에게 더 많이 주서서 남에게 더 많이 줄 수 있도록 하여 주신다.

---

37) 막 12:42-44.

존 번연은 그의 유명한 『천로역정』에서 다음과 같이 썼다.

사람들이 그가 미쳤다고 여겼지만, 거기 있는 그 사람은, 버리면 버릴수록 많은 것을 갖게 되었다.

관대히 주는 사람은 사도 바울이 인용한 주님의 말씀이 진리임을 안다. 주님은 말씀하셨다. "주는 것이 받는 것보다 복이 있다."[38]

6. 도움을 주는 은사 (Giving Aid)

사람들과 기관들의 필요를 해결하기 위해 다른 사람들의 물질과 능력을 조정할 지도력을 베푸는 은사[39]

신약성경에 있는 말, 푸로이스타메노스(proistamenos)는 '지도한다', '사회본다', '인도한다', '감독한다', 또는 '안내자로 다른 사람 앞에 선다' 는 의미가 있다. 그리하여 성서 번역자들은 이 말을 '지도자', '보호자', '용사', '후원자', '통치하는 자', 또는 '앞에 서 있는 자' 라고 번역하곤 한다. 이 은사는 리더십에 관해 말하고 있음이 분명하다. 그래서 우리는 이 은사를 실제적 도움과 지지를 베풀면서 다른 사람들을 지도하는 은사라고 규정한다.

---

38) 행 20:35.
39) 롬 12:8.

모든 그리스도인은 동등하며, 모두가 하나님의 은혜에 온전히 나갈 수 있는 것은 사실이다. 그러나 하나님은 지금도 어떤 사람을 지정하시어 사람들을 지도하는 직책을 주시곤 하신다. 신약성경은 하나님께서 세우신 지도자들을 존경하여야 한다고 가르치고 있다.[40) 성경은 '잘 다스리는 자들'을 배나 존경할 자로 여겨, 그들을 인정하고 그들의 말씀에 귀를 기울여야 한다고 말씀한다.[41) 바울은 "형제들아 우리가 너희에게 구하노니 너희 가운데서 수고하고 주 안에서 너희를 다스리며 권하는 자들을 너희가 존경하고" 그들의 역사로 말미암아 사랑 안에서 가장 귀히 여기라고 말하고 있다.[42) 헨리 포드(Henry Ford)가 다음과 같이 신랄한 말을 한 적이 있다. "'꼭 누군가가 지도자가 되어야만 하는 것인가' 라고 묻는 질문은 마치 '사중창을 할 때 꼭 누가 테너를 해야만 하는 것인가?' 라고 질문하는 것과 같다. 사중창에서 테너를 부를 사람이 있어야 한다는 것은 당연한 것 아닌가."

우리 모두가 그렇듯이 성령의 은사를 받은 지도자도 역시 실수할 때가 있다. 그러나 참된 지도자들은 겸손히 자기들의 실책을 인정하고 그것을 시정하려고 하며 그에 따른 손상을 회복시킨다. 지도자들이 가지고 있는 성령의 은사는, 그들이 인간적인 결함이 있음에도 불구하고 능력의 한계를 넘어 일하게 할 수 있다. 지도자의 직무는 실제 사역에 있어 지혜와 열심을 가지고 효율적으로 다른 사람들을 인도하는 것이다. 이

---

40) 빌 2:29.
41) 딤전 5:17, 히 13:7 참조.
42) 살전 5:12-13.

은사는 개인의 지위나, 직무와 연관된다기보다는 성령이 기름 부어 주신 능력과 개인의 청렴과 연관되는 것이다. 우리 기독교 공동체에는 좋은 지도자들이 절대 필요하다.

7. 자선의 은사 (Compassion)

사람들이 무엇이 필요한지를 알고, 동정심을 가지며, 그들에게 기쁨으로 자비를 베풀며 위로하게 하는 은사[43]

헬라어의 동사 엘리오(eleeo)는 '자비심을 갖다', '위로한다', '동정심을 갖는다', 또는 '도와준다' 는 의미를 갖고 있다. 하나님께서는 그의 큰 사랑으로 우리들을 사랑하신다. 따라서 하나님은 긍휼(자비)이 풍성하신 분이시다.[44] 법정에서 재판을 받는 사람은, 판사가 자비, 친절 그러고 선의를 베풀기를 바라며 그에게로부터 자비(eleos)를 구한다. 성령이 주는 자선의 은사는 사람으로 하여금 다른 사람이 받고 있는 상처를 보고 위로하게 하여, 그들이 그 어려움을 감당할 수 있도록 도와줄 수 있도록 한다. 여기에서 말하는 자선은 보통 말하는 연민 이상이다. 이는 다른 사람이 육체적으로 또는 심적으로 당하고 있는 고통을 가슴속으로부터 긍휼히 여기는 것이다. 이 성령의 은사는 자비와 긍휼을 다 포함한다. 사도 바울이 말했듯이 이 은사를 갖고 '긍휼을 베푸는 자는 즐거움으로' 한

---

43) 롬 12:8.
44) 엡 2:4.

다.[45]

물론 하나님께서는 우리들 모두가 다른 사람들에게 자선을 베풀기를 원하신다.[46] 그러나 이 은사는 사람으로 하여금 상처를 받고 있는 사람들에 대하여 엄청난 자선심을 갖게 한다. 이 자선의 은사는 사람으로 하여금 다른 사람의 상처를 동정하고 자비를 베풀어 그들을 치유하고, 자유롭게 하고, 새롭게 하는 사역을 할 수 있게 한다. 이 성령의 은사가 남다른 비상한 이해력을 주기에, 영적인, 정신적인 또는 육체적인 고통을 가지고 있는 사람들을 치유하며 위로할 수 있도록 만든다.

특별히 신체적 장애자나 노약자들이 이 자선의 은사를 가진 그리스도인들로부터 도움을 받는다. 병원이나, 양로원, 고아원, 그리고 마약중독자 치료센터 같은 데서 일하는 사람들은 이 성령의 은사가 필요하다. 가슴에서 나오는 친절을 가지고 위로하는 그들은 치료비도 낼 수 없는 그런 사람들에게 자비와 동정과 이해를 베푸는 것이다.

그들은 다음과 같은 복음성가에 나타난 정신으로 기도하고 있다.

오! 주님과 같이 되게 하시옵소서,

자선, 사랑, 용서, 친절과 부드러움으로 채우시는,

약한 자를 도우시며, 절망에 빠진 자에게 기쁨을 주시는,

방황하는 죄인을 찾으시는 주님과 같이

---

45) 롬 12:8.
46) 마 9:13, 12:7, 눅 11:37, 약 2:13.

오! 주님과 같이 되게 하시옵소서! 오! 당신과 같이 되게 하시옵소서.

은혜의 구세주시여, 순결한 주님이시여.

친절한 가운데 오시옵소서. 당신의 그 풍성함으로 오시옵소서.

그리고 나의 마음 깊은 곳에 당신의 형상을 새겨 주시옵소서.

종종 사람들은 의료적 도움이나 재정적 도움 이상이 필요하다. 많은 사람들이 자기들의 아픔을 알아줄 수 있고 영적으로 도와줄 수 있는 치유를 갈망하고 있다. 사람들이 정신적이며 감정적인 고민에서 자유로울 수 있도록 도와주는 것이 바로 자선인 것이다. 이 성령의 은사를 가진 사람들은 고통당하고 있는 사람들에게 하나님의 자비를 지혜롭게 전하면서 기쁨으로 자선을 베푸는 것이다.

다윗 왕은 시편에서 말하기를 "여호와의 인자하심은 자기를 경외하는 자에게 영원부터 영원까지 이르며 그의 의는 자손의 자손에게 이르리니"[47]라고 하였다. 성경을 보면 자비와 자선은 하나님을 사랑하는 모든 사람의 표적(mark)이기도 했다. 그런데 슬프게도 어떤 때에는 그리스도인들에게 그런 자선이 부족하다. 1859년에 조지 엘리엇(George Eliot)은 그의 소설 『아담 베데』(*Adam Bede*)에서 "우리는 사람들을 하나님의 자비에 맡기고, 자기들은 전혀 자비를 베풀지 않는다"고 신랄하게 말했다. 순수한 자선은 하나님께로부터 온다. 하나님만이 모든 자비의 원천이시다. 19세기의 작가 채핀(E. H. Chapin)은 말하기를 "모든 덕목 가

---

[47] 시 103:17.

운데 자비는 많은 별 가운데 있는 달과 같다 – 달은 수많은 별들처럼 반짝반짝하지 않지만, 그 천체 전부를 신성케 하는 조용한 빛을 발하고 있는 것이다.” 오늘날과 같이 눈물이 메마르고, 머리는 뜨거우나 가슴과 발은 차가운 시대에 있어, 이 세상은 긍휼한 마음을 가진 그리스도인들의 자선 사업을 필요로 하고 있다.

8. 병 고치는 은사 (Healing)

병들고 연약한 것, 또는 육체와 영혼 및 인간관계의 질환을 하나님께서 치유하신다는 믿음의 기도를 드리는 은사[48]

모든 치유의 원천은 하나님 안에 있다. 사람이 병을 고치는 것이 아니나. 하나님이 고치시는 것이다. 구약에서 하나님은 “나는 너희를 치료하는 여호와임이니라”[49]고 말씀하셨다. 성령의 은사들을 열거할 때, 사도 바울은 병 고치는 은사를 복수로 표시하여 ‘병 고치는 은사들(gifts of healings)’ 라고 표현하였다. 이 문법구조는 하나님께서 여러 가지 질병들을 치유하신다는 것을 암시하는 것이다. 곧 하나님은 육체적으로, 정신적으로, 영적으로 연약한 자 뿐만 아니라 관계적으로 병든 자도 치유하신다. 우리들이 아는 대로, 예수님과 그의 사도들은 이러한 모든 병자와 약한 자들을 고치셨다.

---

48) 고전 12:9, 28, 30.
49) 출 15:26.

또 다른 신유의 영역에는 가족을 통하여 유전된 세대적 손상, 즉 알코올중독, 도박중독, 마약중독 또는 성적 변태와 같은 것들도 해당된다. 그러나 이 병 고치는 은사가 항상 모든 사람이나 모든 병을 고치게 한다는 것은 아니다. 하나님께서는 특별한 때에 특정한 필요를 위하여 신유의 은사를 주시는 것이다. 신유의 은사는 종종 믿음의 은사와 함께 역사한다.

하나님께서는 우리들의 육체를 위한 치유에 있어 여러 가지 방법을 사용하신다.

(1) 어떤 때는 하나님께서 즉각적으로 치유하신다. 사도행전을 보면 예루살렘 성전에 나면서부터 못 걷게 된 자(앉은뱅이)가 앉아 있었는데, 베드로가 그를 보고, 나사렛 예수 그리스도의 이름으로 걸으라고 하며 오른손을 잡아 일으키니 발과 발목이 곧 힘을 얻고 일어서서 걷기도 하고 뛰기도 하였다는 기사가 있다.[50] 치유가 순간적으로 이루어진 것이다.

(2) 하나님께서는 때로는 점진적으로 치유하신다. 무서운 독감이 유행하면 어떤 사람들은 죽기도 한다. 그러나 다른 어떤 사람들은 독감에서 서서히 회복되어 마침내 온전한 건강을 되찾는다. 이와 같이 치유가 점진적으로 이루어지기도 한다.

(3) 하나님께서 때로는 병자를 치유하기 위하여 의학을 이용하신다. 의사, 간호사, 그리고 귀중한 약 등은 하나님이 은혜로 허락하신 것이다. 의학과 의술은 많은 사람들을 살린다.

---

50) 행 3:7.

(4) 때때로, 하나님께서는 우리 몸이 건강하게 회복되는 것을 허락지 않으신 채, 고난을 인내하며 승리의 삶을 살 수 있는 은혜를 주시기도 한다. 조니 에릭슨(Joni Erickson)은 1967년 여름에 체사피케 만(Chesapeak Bay)의 얕은 물에서 다이빙을 하다가 머리가 바위에 부딪혀서 큰 부상을 입었다. 그는 목과 척추가 손상되어 전신이 마비되었다. 그러나 오늘날 조니의 승리의 삶은 하나님께서는 육체적 불구를 초월하는 은혜를 주신다는 것을 증명하고 있다. 성경에서 우리는 하나님께서 사도 바울의 병을 치유하시지 않으셨던 것을 발견한다. 하나님께서는 바울이 그 고난을 가지고 승리하는 생활을 할 수 있도록 은혜를 주셨다.[51]

(5) 분명한 것은, 하나님께서는 앞으로 오는 부활에서 우리들을 치유하실 것이라는 점이다. 요한계시록에는 하나님의 사람들을 위한 '부활의 몸'에 대한 약속이 있다. "내가 모든 눈물을 그 눈에서 닦아 주리니 다시는 사망이 없고 애통하는 것이나 곡하는 것이나 아픈 것이 다시 있지 아니하리니 처음 것들이 다 지나갔음이러라."[52]

하나님께서는 신약성경 시대 이후에도 이 신유의 은사를 허락하셨고, 오늘날에도 치유의 사역을 하고 계신다. 다른 성령의 은사들이 그렇듯이 신유의 은사도 그리스도인들로 하여금 상처 입은 사람들을 돌보며 도와주는 하나님의 도구가 되도록 하신다. 우리들은 치유가 이루어지도

---

51) 고후 12:7-9 참조.
52) 계 21:4, 고전 15:26, 빌 3:2, 딤후 1:10, 마 13:43, 사 25:8.

록 기도하지만, 치유하시는 자는 하나님이시요 사람이 아니라는 것을
꼭 기억하여야 한다.

9. 능력 행함의 은사 (Working Miracles)

사람들 가운데서 또는 직면한 상황에서, 특별히 질병을 치유하거나 악령
으로부터 벗어나게 하거나 또는 위험에서 구출하는 등 초자연적으로 역사
하시는 하나님을 신뢰하도록 하는 은사[53]

에네르게마타 두나메온(energemata dunameon)이라는 헬라어는
'능력으로 일하는 사람' 이라는 뜻이다. 이 헬라어의 두 낱말에서 에너지
라는 말과 다이나마이트라는 말이 유래했다. 번역자들은 이 헬라어 단
어를 '기적들을 행하는 능력', '놀라운 일들', '기적적인 능력', '기사이
적을 행함', '영적 능력의 사용', 그리고 '기적의 능력' 등으로 풀어서
번역하기도 한다. 우리는 '기사(miracle)' 는 하나님만이 할 수 있는 일
이라고 정의할 수 있을 것이다. 기적이란 초자연적으로 이루어지는 것
으로, 인간의 힘이나 보통 방법으로는 반복될 수 없는 것이다. 많은 구약
성경 번역본은 이 말을 '기사(a wonder)', 또는 '기적(a mighty work)'
으로 번역했다. 신약성경 학자들은 이 말을 주로 '표적과 기사(signs
and wonders)라고 번역한다.[54]

사도행전에서는 악한 영을 내어 쫓으며 육신적 병을 치유하는 일에 대

---

53) 고전 12:10, 28-29.

하여서 두나메온(dunameon)이라는 단어를 사용하고 있다. 그러나 이 은사는 그 두 가지 사역에만 제한된 것이 아니다. 그 이상의 일에도 사용된다. 그래서 초대 교인들은 다음과 같이 기도하였다. "주여 이제도 그들의 위협함을 굽어 보시옵고 또 종들로 하여금 담대히 하나님의 말씀을 전하게 하여 주시오며 손을 내밀어 병을 낫게 하시옵고 표적과 기사가 거룩한 종 예수의 이름으로 이루어지게 하옵소서."[55]

다른 성령의 은사의 경우에서도 그랬듯이, 이 은사를 가진 사람이라고 하여 다른 사람보다 높은 지위에 있는 것은 아니다. 사도 바울은 자기들의 능력을 자랑하는 자들에 관하여 다음과 같이 말하였다. "그들이 자기로써 자기를 헤아리고 자기로써 자기를 비교하니 지혜가 없도다."[56] 잠언에서는 "교만은 패망의 선봉이요 거만한 마음은 넘어짐의 앞잡이니라"[57]고 우리를 깨우치고 있다. 성령께서 그가 원하는 대로 성령의 은사를 주시는 것이기에 우리들이 그 은사에 대한 공적을 주장할 수 없다.

예수님께서는 많은 기사를 행하였지만, "선생님이여 우리에게 표적 보여주시기를 원합니다"고 요청하는 그의 비판자들을 위하여 표적을 베풀지 않으셨다.[58] 즉, 예수님을 주님으로 받아들이기 전에 초자연적인 표적을 요청하는 자들의 요구를 받아들이지 않으셨던 것이다. 그러면서 말씀하시기를 "악하고 음란한 세대가 표적을 구한다"고 하셨다.[59] 18세

---

54) 요 2:11, 4:48 참조.
55) 행 4:29-30.
56) 고후 10:12.
57) 잠 16:18.
58) 마 12:38-42.

기의 목사요 『걸리버 여행기』(*Gulliver's Travels*)의 저자였던 조나단 스위프트(Jonathan Swift)는 기적을 보여 달라고 요구하는 당시의 사람들에 관하여 이렇게 말하였다. "세월이 흐르면서 사람들의 신앙이 시들어졌다. 그래서 그들은 보아야만 믿겠다고 하며 기적을 요구하고 있다." 어떻든지 간에 우리들은 확신한다. 하나님께서는 아직도 그가 필요하다고 생각하는 바에 따라 기적을 행하신다.

사도 누가는 "하나님이 바울의 손으로 놀라운 능력을 행하게 하셨다"고 말하였다.[60] 사실, 사도 바울은 병자도 고치고 악한 영들도 내어 쫓는 등 많은 기사를 행하였다. 그는 갈라디아 교회에 편지하기를 하나님께서 "너희에게 성령을 주시고 너희 가운데서 능력을 행하셨다"고 하였다.[61]

하나님이 행하시는 기적 가운데 가장 큰 것은 육체적인 것이 아니라 영적인 것이다. 성경에 등장하는 위대한 사람들은 가시적인 기사를 전혀 행하지 않았다. 세례 요한에 대하여 예수님께서는 "내가 진실로 너희에게 말하노니 여자가 낳은 자 중에 세례 요한보다 큰 이가 일어남이 없도다"고 하셨다.[62] 그러나 요한은 아무 표적도 행하지 아니하였다.[63] 그와 같이 일생동안 기사 행함 없이도 성실하게 하나님을 섬길 수 있는 것이다.

---

59) 마 16:4.
60) 행 19:11.
61) 갈 3:5.
62) 마 11:11.
63) 요 10:41.

그렇지만 여러 성도들은 하나님께서 오늘날도 기사와 이적을 행하신 일들을 전하고 있다. 하나님께서는 우리들이 아는 것 이상으로 많은 기사이적을 행하고 계신다. 하나님께서는 우리들에게 닥쳐오는 사고나 병을 예방하시며 악한 일이 생기려는 것을 막아 주신다. 또한 우리들이 도저히 감당할 수 없어 보이는 장애물도 극복할 수 있도록 도와주신다. 의심할 바 없이, 모든 기사 가운데 가장 큰 기사는 인간의 마음을 변화시키고 예수 그리스도 안에서 새 생명을 주시는 하나님의 능력이다. 감사하게도 모든 사람은 이러한 하나님의 능력을 체험할 수 있다.

10. 방언의 은사 (Tongues)

주께 간구하거나, 감사하거나, 또는 주를 찬양하는 수단으로써 다른 나라의 말 또는 알아들을 수 없는 언어로 말하게 하는 은사[64]

방언의 은사는 배운 바 없는 다른 언어를 말할 수 있게 한다. 그러나 말하는 자나 대부분의 듣는 자들이 이해하지 못하는 언어를 유성음으로 발음하는 경우가 대부분이다. 사도행전을 보면 방언을 말한 예가 나온다. 누가는 "그들이 다 성령의 충만함을 받고 성령이 말하게 하심을 따라 다른 언어들로 말하기를 시작하니라 그 때에 경건한 유대인들이 천하 각국으로부터 와서 예루살렘에 머물러 있더니 이 소리가 나매 큰 무리가 모여 각각 자기의 방언으로 제자들이 말하는 것을 들었다"고 오순

---

64) 고전 12:10, 28.

절의 일을 기록하고 있다.[65] 그곳에 모인 사람들은 그들의 말하는 것을 다 이해하였기에 통역이 필요치 않았다.[66] 아주 드문 일이지만, 오늘날에도 그런 일들이 있다고 어떤 선교사들은 전하고 있다.

청중들이 알아들을 수 없는 방언을 하는 예가 고린도전서에 나온다. "방언을 말하는 자는 사람에게 하지 아니하고 하나님께 하나니 이는 알아듣는 자가 없고 영으로 비밀을 말함이라."[67] 이런 방언을 대중 앞에서 할 때에는 통역이 필요하다. 왜냐하면 사도 바울이 말한 대로 "온 교회가 함께 모여 다 방언으로 말하면 알지 못하는 자들이나 믿지 아니하는 자들이 들어와서 너희를 미쳤다 하지 아니하겠느냐"고 할 것이기 때문이다.[68] 그러므로 공개적으로 방언을 할 때는 반드시 통역이 필요한 것이다.

성령의 은사로서의 방언의 은사 외에, 성령의 은사가 아닌 방언 두 종류가 있다. 심리적 방언(psychological tongues)과 마귀가 주는 방언(demonic tongues)이다. 예를 들면, 심리적 방언은 사람이 여러 가지 기술을 동원하여 방언을 말하도록 '가르쳐서' 나오는 것이다. 어떤 종파는 모든 그리스도인은 방언을 해야만 한다고 강조한다. 그리하여 때로는 여러 사람이 집단적인 압력을 주어 어떻게든 뭔가를 말해보려고 애쓰게 하다가 말을 더듬게 만든다. 그리고 방언의 은사를 받아서 그렇게

---

65) 행 2:4-6.
66) 행 2:6-11.
67) 고전 14:2.
68) 고전 14:23.

말하게 된 것이라고 우기기도 한다. 그러나 그러한 방언은 순수한 것이 아니며 대개 사라져 버리고 만다.

두 번째 종류의 방언은 엉터리 방언으로, 마귀에게로부터 오는 방언이다. 이러한 방언의 예로, 우리는 그리스의 델피(Delphi)에 있는 피티아(Pythia)라는 여사제가 방언을 말했던 것을 들 수 있다. 이 여사제는 화산의 유독 가스를 들여 마시고서는, 마음을 변화시킨다는 월계수 나뭇잎들을 씹었다. 그리고서는 광란의 상태에 빠져서 경련을 하면서 두서없이 중얼거리는 소리를 냈다고 한다. 델피의 사제들은 그녀의 말은 바로 아폴로 신으로부터 온 말이라고 설명했다.[69] 마귀로부터 오는 이런 일들은 힌두교나 모슬렘, 부두교(Voodoo)[70], 또는 산테리아교[71]의 어떤 분파에서도 있다고 한다.

우리들은 순수한 성령의 은사로서의 방언을 바로 인식하고, 그릇된 방언을 물리치지 않으면 안 된다. 사도 바울은 열심히 말하지만 남이 알아들을 수 없는 방언을 하는 고린도 교회 신도들에게 고린도전서 14장에서 다음의 여덟 가지 원칙을 제시하였다.

● 알아들을 수 없는 방언을 통역 없이 공개적으로 하는 것은 무의미하다.[72]

● 방언으로 말할 때는 '마음은 열매를 맺지 못하고' 이성적으로 이해

<hr>

69) Will Durant, *The Story of Civilization*, vol.2, *The Life of Greece* (New York : Simon and Schuster, 1966), p. 198.
70) 부두교(敎)는 미국 남부 및 서인도 제도의 흑인 사이에 행해지는 원시 종교이다(역자 柱).
71) 산테리아(Santeria) 종교는 아프리카 기원의 쿠바 종교이다(역자 주).
72) 고전 14:9.

하지 못한다.[73]

● 방언을 하는 사람은 자기의 덕을 세우는 것이지 회중의 덕을 세우는 것이 아니다.[74]

● 방언하는 사람은 모인 사람들에게 말하는 것이 아니라 하나님께 말씀드리는 것이다.[75]

● 방언하는 것은 믿는 자들을 위한 표적이 아니라 믿지 않는 사람들을 위한 표적이다.[76]

● 사람 앞에서 방언으로 말하는 것이 다른 예배자들에게 유익하려면, 반드시 그 방언에 대한 통역이 있어야 한다.[77]

● 교회에서 남을 가르치기 위하여 다섯 마디 예언의 말을 하는 것이 일만 마디 방언으로 말하는 것보다 낫다. 따라서 교회는 공예배에서 방언하는 것을 제한하여야 한다.[78]

● 교사들이 다른 사람들에게 방언으로 말하여야 한다고 주장하는 것은 무책임한 행동이다.[79] 모든 성령의 은사를 가진 그리스도인은 없다. 하나님께서는 그의 뜻대로 각 사람에게 은사를 나누어 주시는 것이다.[80]

---

73) 고전 14:14
74) 고전 14:4,6,9-11
75) 고전 14:2.
76) 고전 14:22.
77) 고전 14:5,28.
78) 고전 14:19, 27-28.
79) 롬 12:6, 고전 12:29.
80) 고전 12:11.

방언으로 말하는 것이 어떤 사람에게 있어서는 표적이 될 수 있을 것이다. 그러나 모든 사람에게 그러한 표적이 있어야 하는 것은 아니다. 모든 그리스도인은 방언을 하지 않아도 성령 충만을 알 수 있다. 우리들은 성령의 은사에 대한 의견의 차이가 있음을 인정하고, 우리들의 견해에 동의하지 않는 다른 그리스도인들과의 교제를 유지할 수 있어야 한다. 같은 주님을 예배하는 그리스도인들은 방언으로 말하든 그렇지 않든 간에 모두 예수 그리스도 안에서 하나인 것이다.

11. 방언 통역의 은사 (Interpretation of tongues)

사람이 알아들을 수 없는 방언으로 말할 때, 그가 말하는 의도와 뜻을 다른 사람들에게 알게 하는 은사[81]

방언을 통역하는 은사는 방언으로 말하는 은사에 당연히 따라와야 하는 필수적 은사이다. 오순절 카리스마 운동에 대한 권위있는 사전은 방언을 통역하는 은사에 대하여 다음과 같이 정의하고 있다. "이 은사는, 방언으로 사람이 알아들을 수 없는 말을 한 내용을 회중들에게 분명하게 이해하게 하는 것이다."[82] 성경은 말하기를 만일 어떤 사람이 공개적으로 방언으로 말한다면, 그 방언으로 말한 간구, 찬양 그리고 감사에 대

---

81) 고전 12:10,30.

82) *Dictionary of Pentecostal and Charismatic Movement*, ed. by Stanley M. Burgess, Gary B. McGee, and Patrick H. Alexander (Grand Rapids : Zondervan Publishing House), Regency Reference Library, p. 469.

한 통역이 있어야 한다고 하였다. 이 은사는 사람으로 하여금 방언으로 말한 것을 판독하고 그 뜻을 알게 하는 것이다. 그렇지 않고는 방언으로 말한 뜻을 알 길이 없다. 그러나 이 은사는, 알 수 없는 방언으로 한 말의 한 단어 한 단어의 의미를 번역하는 것(a word-for word translation)은 아니고, 그가 말한 것의 뜻(the sense)을 영적으로 해석하는 것이다.

때로는 방언으로 말한 사람이 자기가 말한 것을 통역할 수 있다. 사도 바울은 "그러므로 방언을 말하는 자는 통역하기를 기도할지니"라고 충고하였다.[83] 그러나 일반적으로는 방언으로 말한 사람 아닌 다른 사람이 회중을 향하여 통역한다.

하나님은 교회 회중에게 방언으로 메시지를 주시지 않는다. 사도 바울이 "방언을 말하는 자는 사람에게 하지 아니하고 하나님께 하나니"[84] 라고 하였듯이, 방언을 말하는 사람은 하나님께 말하는 것이다. 그러므로 방언통역은 찬양, 기도, 간구 또는 감사 같은 말을, 하나님을 향하여 말하여야 한다.

12. 지혜의 말의 은사 (Word of Wisdom)

사람으로 하여금 특별한 상황에서 성령의 생각(mind)을 이해하고 설명할 수 있게 하는 성령의 조명을 받게 하는 은사[85]

---

83) 고전 14:13.
84) 고전 14:2.
85) 고전 12:8.

성경은 인간의 지혜는 하나님의 지혜와 다르다고 말하고 있다. 하나님의 도우심 없이는 모든 인간의 지혜는 불충분하다. 사도 야고보는 말하기를 대부분의 인간 지혜는 위로부터 내려온 것이 아니요 땅 위의 것이요 정욕의 것이요 귀신의 것이라고 했다.[86] 이어서 야고보는 "너희 중에 누구든지 지혜가 부족하거든 하나님께 구하라 그리하면 주시리라"고 말했다.[87] 지혜의 말을 표현하는 헬라어는 로고스 소피아스(logos sophias) 이다. 로고스(Logos)는 '교리', '교훈', '전달', '메시지' 를 의미할 수 있다. 그리고 소피아(sophia)는 '이해', '통찰력', '좋은 감각', '판단', '온전한 정신', 그리고 '문제의 핵심을 장악하는 능력' 을 의미할 수도 있다. 그리하여 성경을 번역하는 자들은 이 성령의 은사를 '현명한 충고를 줄 수 있는 능력', '지혜를 말하는 능력', '달변의 은사,' '지혜를 가지고 말하는 것', 그리고 '성령에 따라 지혜롭게 말하는 것' 등으로 번역한다.

성령이 주시는 지혜의 말의 은사는 우리들의 지적 능력에 관하여 크게 관여하는 것이 아니라, 하나님이 주시는 지혜에 관심을 가진다. 하나님의 지혜와 비교하면 인간의 지혜, 곧 이 세상 지혜는 어리석은 것이다.[88] 사도 바울은 하나님의 지혜는 이 세상의 지혜와 같지 않다고 다음과 같이 말하고 있다. "그러나 우리가 온전한 자들 중에서는 지혜를 말하노니 이는 이 세상의 지혜가 아니요 또 이 세상에서 없어질 통치자들의 지혜

---

86) 약 3:15.
87) 약 1:5
88) 고전 1:20, 3:19.

도 아니요 오직 은밀한 가운데 있는 하나님의 지혜를 말하는 것으로서 곧 감추어졌던 것인데 하나님이 우리의 영광을 위하여 만세 전에 미리 정하신 것이라."[89] 지혜의 말의 은사는 사람으로 하여금 하나님의 시각에서 문제를 이해하여, 정확한 지각과 건전한 판단을 가지고 말하거나 글을 쓸 수 있게 한다.

물론, 사람이 공부하고 경험을 쌓으면 지혜가 어느 정도 생긴다. 그러나 이 은사가 주는 지혜는 하나님께서 성령을 통하여 주는 수준 높은 지혜이다. 그렇다고 이 은사가 모든 것에 대하여서 완벽한 지혜를 가져다 준다는 말은 아니다. 여기에서 말하는 지혜의 말은 우리들이 결정을 하는 데 도움을 주시는 성령의 영감을 받은 것이다. 이 은사는 인간의 통찰을 초월한 이해를 줌으로 의심과 혼돈을 쓸어버리게 하는 말이다.

이 지혜의 말은 그릇된 충고자들을 잠잠케 하며, 그릇된 가르침을 폭로하여 사람들의 어리석은 결정을 예방할 수 있게 한다. 그러한 지혜의 말을 들을 때 사람들은 기뻐하며 그 말에 동의할 것이다. 예수님께서는 초대 사도들에게 "내가 너희의 모든 대적이 능히 대항하거나 변박할 수 없는 구변과 지혜를 너희에게 주리라"[90]고 약속하셨다. 사도행전 4장을 보면, 유대의 산헤드린 관원들이 베드로와 요한을 불러내어 예수님의 부활을 전파하는 것을 꾸짖었다. 그 때 사도들은 지혜의 말로 그들을 놀라게 하고 당황하게 하였다. 그리고 스데반을 박해하던 자들도 "스데반

---

89) 고전 2:6-7
90) 눅 21:15.

이 지혜와 성령으로 말하므로 그들은 스데반을 당해 낼 수 없었다"고 성경은 기록하고 있다.[91]

그리스도인이 어려운 결정을 하게 될 때, 가끔 성령께서는 이 지혜의 말의 은사를 받은 사람을 통하여서 예리한 통찰에서 나오는 말을 주시어 그 때에 적당한 말을 할 수 있게 한다. 인간의 이해가 부족할 때, 우리들은 성령이 인도하시는 그런 지혜가 필요하다. 가끔 그런 몇 마디의 말이 큰 도움을 준다. 지혜의 말은 상황을 편하게 만들어 바른 결정을 하도록 도와준다.

성령께서는 오늘날도 지혜의 말씀을 그의 종들을 통하여 계시하시어, 그들이 하나님의 생각을 전달할 수 있게 하신다. 우리들은 사도행전 15장에서 이 은사가 역사한 것을 볼 수 있다. 거기에는 초대 교회에서의 첫 공회의에 대해 기록되어 있는데, 공회의 의장인 야고보가 지혜의 은사를 가지고 지혜롭게 유대 율법과 기독교의 문제를 다루고 있는 것을 보게 된다. 오늘날도, 기독교 단체들은 야고보와 같은 하나님의 영감을 받는 종들의 권고가 필요하다. 아마 예수님께서는 다시 말씀하실 것이다. "귀 있는 자는 성령이 교회들에게 하시는 말씀을 들을지어다."[92]

13. 지식의 말의 은사 (Word of Knowledge)

성령이 주시는 조명에 근거하여 현실 또는 상황을 잘 알게 하는 은사[93]

---

91) 행 6:10.
92) 계 2:7.
93) 고전 12:28.

헬라어의 기노스코(ginosko)라는 단어는 '이해한다', '인지한다', 그리고 '안다'는 의미이다. 우리는 성경이 사용하고 있는 말, 로고스 그노시우스(logos gnoseos)를 '성령에 의하여 지식을 말한다', '깊은 지식을 말로 표현한다', '지식을 가지고 말한다', 또는 '성령에 의하여 교훈을 말한다' 등으로 번역할 수 있다. 이 지식의 말의 은사는 사람으로 하여금 어떤 일을 확실히 이해할 수 있게 한다. 성령께서 조명하여 주시기 때문이다. 예수님께서 사마리아 여인을 향하여 "너에게는 남편이 다섯이나 있었고, 지금 같이 살고 있는 남자도 네 남편이 아니다"[94]라고 말씀하셨던 것은 주님이 지식의 말의 은사가 있으셨기 때문이었다.

하나님께서 베드로에게 아나니아에 관한 지식의 말씀을 주셨기 때문에 베드로는 아나니아에게 "어찌하여 사탄이 네 마음에 가득하여 네가 성령을 속이고 땅 값 얼마를 감추었느냐?"라고 말했던 것이다[95] 이 은사를 가지고 전도할 때 성령께서는 우리의 말에 확신을 주시어 그 확신의 말로 사역을 하게 하신다. 예를 들어서, 신자가 어떤 사람의 병을 위하여 기도할 때, 그에 앞서 하나님께서는 기도하는 신자에게 하나님이 하시는 일에 대하여 분명한 지식을 주시기도 한다.

지난 역사를 보면, 어떤 사람은 특별한 지식을 가졌다고 주장하면서 다른 사람들보다 우월한 것처럼 행동했다. 1세기에 그노시스파(영지주의)라고 불리는 거짓 교사들이 나와, 자기들에게만 알려진 특별한 지식

---

94) 요 4:18.
95) 행 5:1-3.

이 있는 척 하였다. 그리고 그들은 돈을 받고 그 지식을 말해 주곤 하였다. 그러나 기독교에는 비밀이란 없다. 그리스도께서는 하나님의 나라를 모든 사람에게 계시하셨기 때문이다.

지식의 말의 은사는 성령이 주시는 것이다. 사도 바울은 '지혜와 지식의 모든 보화'는 그리스도 안에 감추어져 있다고 말한다.[96] 이 은사를 가졌다고 해서 다른 사람보다 높은 지위에 있는 것은 아니다. 오히려 지식의 말은 우리들로 하여금 다른 사람을 도와주고 격려하도록 하여야만 한다. 성령께서는 우리들의 기도와 결심과 봉사를 인도하도록 이 지식의 말씀을 주시는 것이다.

14. 믿음의 은사 (Faith)

하나님은 놀라운 일을 이루시는 능력이 있으신 분이기에 우리의 기도와 믿음에 대한 응답으로 그러한 놀라운 일을 친히 행하실 것이라고 하는 믿음을 갖게 하는 은사[97]

신약성경에서 사용하고 있는 원어 피스티스(pistis)는 문맥에 따라서 몇 가지 다른 의미로 사용되고 있다. 믿음이라는 말은 어떤 진리에 대한 확신을 뜻하기도 한다. 또는 신뢰(trust), 기대할 수 있는 것(trustworthiness), 충성(fidelity), '내가 믿는 것', 또는 '하나님이 하시

---

96) 골 2:2-3.
97) 고전 12:9.

는 일에 대한 확신(assurance)' 을 의미하기도 한다. 신약성경에서 믿음 이란 말은 또한 성령의 열매를 의미할 수도 있다.[98] 후에 우리는 성령의 열매와 성령의 은사의 다른 점을 상고할 것이다. 성령의 은사로서의 믿음은 하나님께서 이 세상에서 역사하고 계시다는 것을 산을 옮길 만한 믿음으로 믿는 것을 의미한다.[99] 우리가 여기서 관심을 갖고 다루는 것은 성령의 은사로서의 믿음이다.

믿음의 은사는 하나님께서 우리들의 일상생활에 임재하시어 놀라운 일을 하신다는 것을 확신하게 한다. 이 믿음은, 설사 당면한 상황이 정반대로 나타날지라도 하나님의 하시는 일을 철저히 믿게 한다. 예를 들어서, 모세는 온갖 어려움에도 불구하고 하나님께서 히브리 사람들을 애굽의 속박에서 기적적으로 구출해 내실 것이라고 믿었다. 모세는 "믿음으로 애굽을 떠나 왕의 노함을 무서워하지 아니하고 곧 보이지 아니하는 자를 보는 것 같이 하여 참았"던 것이다.[100] 여호수아와 갈렙도 하나님께서 이스라엘 사람들을 약속의 땅으로 인도하시리라고 믿었다. 우리들은 하나님께 이러저러한 방법으로 개입하시라고 요구할 권세나 능력을 가지고 있지 않다. 하나님께서 믿음을 불러일으키실 때에 우리들은 하나님께서 놀라운 일을 이루실 것이라는 확신을 갖게 된다.

『신약성경 사전』(lexicon)은 믿음의 의미를 정의하기를, '기꺼이 받아

---

98) 갈 5:22.

99) 마 17:20. 막 11:22-24.

100) 히 11:27.

101) Joseph Henry Thayer, *Greek-English Lexicon of the New Testament*(New York : American Book co., 1889), p. 513.

들이는 견고한 확신'이라고 했다.[101] 어떻게 해결이 가능할까 하며 의심하는 사람들이 종종 있을지라도 하나님께서는 훌륭하게 일하실 것이라는 확신을 의미한다. 이스라엘 백성들은 과연 하나님께서 그 강한 적들을 이기게 할 능력이 있을까하고 의심했었다. 그러나 여호수아와 갈렙은 하나님의 약속을 믿었다. 그리고 하나님은 그들의 믿음에 대해 보답하셨다. 많은 기독교 기관들, 예를 들어, 선교단체, 학교, 병원, 학원 전도, 고아원 그 외 여러 기독교 봉사 단체들의 대부분이 하나님께서 주신 믿음 위에서 시작되었다.

믿음이 즉각적인 응답을 받는 일을 매우 드물다. 대개 믿음은 인내와 기도와 기다림을 필요로 한다. 오늘날의 조급한 세대들은 즉각적인 것을 좋아하며 그런 것을 추구한다. 그러나 성경이나 오랜 교회 역사에서 볼 때 믿음은 거의 대부분 기다림이 필요했다. 우리들이 주로 해야 하는 일은 기도하는 마음으로 기다리는 가운데 하나님을 신뢰하고 순종하는 것이다.

어떤 참대나무 종은 뿌리를 심은 후 오랜 동안 싹터 나오는 것이 보이지 않는다고 한다. 4년 동안이나 그 땅 속에서 뿌리는 수분과 양분을 흡수하고 있어야 한다. 그 동안에는 그 나무의 싹이 올라오지 않는다. 그러니 겉으로 볼 때에는 나무가 살아있는지를 알 수 없다. 그러나 4년을 기다린 후에 그 참대나무는 땅에서 싹을 틔운다. 그리고 한 계절에 30~40 피트의 높이로 자라 올라간다고 한다.

그와 같이 하나님께서도 오랜 세월 기다리는 동안 우리들의 삶에서 역사하신다. 설사 변화의 즉각적인 증거가 안 보인다 하여도 믿음의 은사를 가진 자들은 계속하여 하나님을 신뢰한다. 우리들이 보이는 것이 없어도 믿고 있는 동안 하나님은 역사하신다. 믿음은, 하나님께서 그의 시간 안에서 역사하실 것을 신뢰하며 또한 하나님이 성령으로 감동된 믿음에 응답하실 것임을 신뢰한다.

믿음의 은사는 하나님께서 우리들의 호소에 응답하시고 우리들의 삶에 복을 내리실 것을 의심치 않고 믿게 한다. 믿음의 은사는 믿음이 적은 자들을 격려하며 그들이 하나님과 더불어 걸어가도록 도와준다. 성 어거스틴(354-430)이 남긴 글귀 중에 "믿음이란 보이지 않는 것을 믿는 것이다. 그리고 이 믿음에 대한 보답은 믿은 것을 보는 것이다"라는 말이 있다. 믿음은 비전을 주어 앞으로 있어야 할 것과 있을 것을 마음으로 그려보게 한다.

15. 영을 분별하는 은사 (Discernment of Spirits)

가르침이나 하는 행동이 하나님께로부터 온 것인지, 인간에게서 온 것인지, 아니면 마귀에게서 온 것인지를 분별하는 은사[102]

성경이 말하고 있는 '분별의 은사' 라는 것은 영들에 관한 분별 또는 영들을 식별하는 것을 가리키는 것이다. 히브리서는 "그들은 지각을 사용함으로 연단을 받아 선악을 분별하는 자들이니라"고 말하고 있다.[103]

---

102) 고전 12:10.

어떤 신약성경 번역은 이 은사에 대하여 "하나님의 메시지를 말한다고 주장하는 사람들을 통하여 악한 영이 말하고 있는지, 아니면 말하고 있는 것이 정말 하나님의 영인지를 아는 것"이라고 번역했다.[104] 또 다른 성경번역은 이 은사는 '여러 영들을 바르게 식별하는 능력', 곧 '참 영과 거짓 영을 구별하는 능력', '영적인 일들에 있어서 바르게 식별하는 능력'이라고 설명했다. 또는 이 은사는 영을 인지하는 은사로서, 메시지가 하나님의 영으로부터 온 것인지 아니면 다른 영으로부터 온 것인지를 분간하는 능력이라고 설명했다.

베드로는 영을 분별하는 은사를 가지고 있었다. 사도행전 8장을 보면, 그는 마술쟁이 시몬이 행동하는 것을 보곤 바로 그것이 사탄에서 온 것임을 알았다.[105] 바울도 거짓 예언자의 악한 의도를 식별하고 그를 "마귀의 자식"이라고 불렀다.[106] 성령의 분별의 은사는 교회로 하여금 무엇이 성령으로부터 오고, 무엇이 사람의 영으로부터 또는 악한 영으로부터 온 것인가를 분별할 수 있도록 한다.

예수님도 "거짓 선지자들을 삼가라 양의 옷을 입고 너희에게 나아오나 속에는 노략질하는 이리라… 또한 거짓 선지자가 많이 일어나 많은 사람을 미혹할 것이라"고 경고하셨다.[107] 사도 바울은 말하기를 "우리의 씨름은 혈과 육을 상대하는 것이 아니요 통치자들과 권세들과 이 어둠

---

103) 히 5:14.
104) 고전 12:10.
105) 행 8:20-24.
106) 행 13:10 참조.
107) 마 7:15, 24:11참조.

의 세상 주관자들과 하늘에 있는 악의 영들을 상대함이라"[108]고 하였다. 그러면 우리들이 어떻게 선한 것과 악한 것을 알 수 있는가? 그런 중요한 일들에 있어서 분별을 가능케 하는 것이 바로 영적 분별이 하는 일이다.

우주선들은 감히 그들의 경로를 한 치도 변경할 생각을 하지 않는다. 처음에는 작은 오차가 아무 일 아닌 것처럼 보일지 모른다. 그러나 출발할 때는 아주 작은 실수인 듯 여겨지는 것이 결국 우주선이 처음에 가고자 했던 목적지와 수천 마일 차이 나는 곳으로 가게 만들 것이다. 작은 잘못들이 처음에는 하찮은 것으로 보일지 모르지만, 그러나 결국에는 하나님의 뜻과 은혜로부터 멀리 떠나게 만들 수 있다. 거짓 교사들이 간교하게 성경을 그릇되게 해석할 수 있기 때문에, 교회와 신자들이 하나님의 진리와 하나님의 뜻 안에 머물도록 도와주기 위하여 분별의 은사가 있는 것이다.

바울은 우리들을 깨우쳐 말씀하기를 "그런 사람(교사)들은 거짓 사도요 속이는 일꾼이니 자기를 그리스도의 사도로 가장하는 자들이니라 이것은 이상한 일이 아니니라 사탄도 자기를 광명의 천사로 가장하나니 그러므로 사탄의 일꾼들도 자기를 의의 일꾼으로 가장하는 것이 또한 대단한 일이 아니니라"[109]고 하였다. 그러므로 교회는 항상 이 말씀을 중요하게 받아들여야 한다.[110] 바울은 이어서 다음과 같이 경고한다. "후

---

108) 엡 6:12.
109) 고후 11:13-15.
110) 고전 14:29 참조.

일에 어떤 사람들이 믿음에서 떠나 미혹하는 영과 귀신의 가르침을 따르리라 하셨으니, 자기 양심이 화인을 맞아서 외식함으로 거짓말하는 자들이라."[111]

한 번은 빌리 그레이엄이 말하기를 "나는 이 세상에 (수백 명에 달하는)많은 종교지도자들이 하나님의 종들이 아니요, 적그리스도의 종들인 것을 깨달았다. 저들은 양의 옷을 입은 이리들이다. 저들은 알곡이 아니라 쭉정이들이다"라고 하였다.[112] 이는 오늘의 상황만은 아니다. 여러 세기 동안 그런 자들이 있어왔다. 사도 요한은 미래를 내다보면서 다음과 같이 기록하였다. "사랑하는 자들아 영을 다 믿지 말고 오직 영들이 하나님께 속하였나 분별하라. 많은 거짓 선지자가 세상에 나왔음이라."[113] 사도 바울은 "범사에 헤아려 좋은 것을 취하라"고 권고하였다.[114] 이런 때에 영을 분별하는 은사를 가진 하나님의 종들이 있음을 인하여 하나님께 감사한다.

16. 사도직의 은사 (Apostleship)

미전도 지역에 기독교를 시작하기 위하여 복음을 새로운 환경에 정착시키는 은사[115]

---

111) 딤전 4:1-2.
112) Billy Graham, *The Holy Spirit* (Waco. TX. Word Books, 1978), p.152
113) 요일 4:1.
114) 살전 5:21.
115) 고전 12:28, 엡 4:11.

헬라어 아포스톨로스(apostolos)는 라틴말로는 미시오(missio)라고
하는데, 그 뜻은 '대표로 보냄을 받은 자', 또는 '메시지를 가지고 보냄
은 받은 밀사'이다. 사도들은 성령이 보낸 사신으로서 새로운 장소에서
기독교 공동체를 대표하는 자들이다. 사도의 은사는 그리스도의 메시지
를 듣지 못한 사람들에게 하나님의 복음을 전하며 새로운 교회를 세울
기질과 능력을 준다. 그러므로 사도들은 모두가 어떤 사역에 있어서의
선교사들이다. 그러나 그들이 해외선교사라는 뜻은 아니다. 예를 들어
서, 빈민가에서 교회를 시작하는 일에는 사도의 은사가 요청된다. 사도
들은 일을 함에 있어 문화적 장애물을 넘어야만 한다. 그리고 그리스도
의 복음을 모르거나 이해 못한 사람들 가운데서 일하는 선교사들은 언
어의 장벽도 넘어야만 한다. 일반적으로, 사도직의 은사를 가진 사람들
은 동시에 예언의 은사, 가르침의 은사 그리고 능력 행함의 은사도 가지
고 있다.

신약성경에는 예수님의 12사도 외에도 바울,[116] 야고보,[117] 바나바,[118]
안드로니고,[119] 유니아,[120] 실루아노,[121] 그리고 디모데[122]와 같은 많은 사
도들이 나타난다. 이들도 사도의 일을 하였다. 예수의 형제인 야고보는

---

116) 롬 1:1.
117) 갈 1:19
118) 행 14:14,
119) 롬 16:7
120) 롬 16:7. 성경의 초기사본에 의하면, 유니아는 여성명사로 기록되어있다. 아마 이가 신약성서에
　　 있는 유일한 여성 사도였던 것 같다.
121) 살전 1:1.
122) 살전 1:1, 2:7.

예수님의 애초의 12제자는 아니었지만 사도행전에 있는 그리스도인들의 첫 공회의에서 사도로서 의장의 역할을 했다.[123]

사도 바울은 말하기를 "그는 어떤 사람은 사도로, 어떤 사람은 선지자로, 어떤 사람은 복음 전하는 자로, 어떤 사람은 목사와 교사로 삼으셨으니, 이는 성도를 온전하게 하여 봉사의 일을 하게 하며 그리스도의 몸을 세우려 하심이라 우리가 다 하나님의 아들을 믿는 것과 아는 일에 하나가 되어 온전한 사람을 이루어 그리스도의 장성한 분량이 충만한 데까지 이르게 된다"고 했다.[124]

중국에서 선교한 허드슨 테일러(Hudson Taylor), 아프리카에서 사역한 리빙스톤(David Livingstone), 인도 선교에서의 스탠리 존스(Stanley Jones), 남미에서 선교한 올센(Bruce Olsen) 등은 사도로서 사역한 것이다. 이를 의심할 사람이 누가 있겠는가? 저들은 기독교가 전혀 없는 곳에 기독교를 심었고, 그곳에서 오래 기억될 만한 영적 승리를 남겼다. 우리 교회는 그리스도께서 재림하셔서 이 땅에서의 역사를 매듭지으실 때까지, 이 사도직의 은사가 계속 필요하다.

17. 남을 돕는 은사 (Helps)

실제적인 봉사 사역을 통하여 어려운 사람들을 이기심 없이 돕도록 하는 은사[125]

---

123) 행 15:19-23.
124) 엡 4:11-13.
125) 고전 12:28.

헬라어의 명사 안티라프시스(antilapsis)는 '돕는다' 또는 '지원한다' 는 의미이다. 특별히 고린도전서에서는 이 말이 힘없는 사람 그리고 어려운 사람을 돕는 일에 사용되고 있다. 어떤 성경번역은 이 은사를 '다른 사람들을 돕는 사람들', '돕는 자들' 그리고 '남을 돕는 능력' 으로 말하고 있다. 예를 들어, 데살로니가전서에는 이런 말이 나온다. "또 형제들아 너희를 권면하노니… 힘이 없는 자들을 붙들어 주며, 모든 사람에게 오래 참으라."[126] 사도행전에서는 사도 바울이 에베소의 장로들에게 말씀할 때 이 말이 사용되었다. "범사에 너희에게 모본을 보였노니… 약한 사람들을 돕고 또 주 예수의 친히 말씀하신 바 주는 것이 받는 것보다 복이 있다 하심을 기억하여야 할지니라."[127]

남을 돕는 은사는 주로 가난하고, 약하고, 그리고 짓밟힌 사람들이 실제 당하고 있는 고통을 덜어주는 일에 관심을 갖고 있다. 우리는 사도행전에서 도르가라는 이름을 가진 여인에 대한 이야기를 읽을 수 있다. 도르가는 '선행과 구제하는 일(helping the poor)이 심히 많은' 여인이었다.[128] 돕는 사람들은 무거운 짐을 지고 고통당하고 있는 사람들을 돕는 방법을 안다. 그리고 그 고통당하고 있는 사람들은 돕는 데 기쁨을 느낀다. 그들은 다음과 같은 격언을 믿는 사람들이다. "세상에서 지쳐 있는 사람들에게는 백 마디의 설교보다는 작은 도움의 손길 하나가 더 좋다."

이 은사를 가진 사람들이 반드시 동일한 사람이나 기관들을 오랫동안

---

126) 살전 5:14
127) 행 20:35.
128) 행 9:36.

도와야 할 필요는 없을지도 모른다. 그러나 그들은 상황이 어떠하든지 간에 어려운 사람들을 돕는 일에 전력을 다 한다. 그들은 주님의 다음과 같이 하신 말씀을 주의 깊게 듣는 사람들이다. "너는 구제할 때에 오른손의 하는 것을 왼손이 모르게 하여 네 구제함이 은밀하게 하라 은밀한 중에 보시는 너의 아버지가 갚으시리라."129) 그들은 시종 자기들이 한 그 중요한 일에 대하여 칭찬이나 인정을 기대하지 않는다.

때로는 최선의 봉사란 이 땅에서 칭찬과 인정을 받지 않고 일하는 무명의 손길로부터 온다. 예수님께서 "누구든지 제자의 이름으로 이 소자 중 하나에게 냉수 한 그릇이라도 주는 자는 내가 진실로 너희에게 이르노니 그 사람이 결단코 상을 잃지 아니하리라 하시니라"고 말씀하였듯이, 선행을 하는 사람들은 궁극에 가서 그에 대한 보상을 받을 것이다.130)

18. 관리의 은사 (Administration)

하나님의 일을 함에 있어 공통적 목적을 향하여 일치단결하여 일할 수 있도록 목표를 세우며, 계획하며, 조직하며 그리고 다른 사람들을 인도하는 은사 131)

---

129) 마 6:3-4.
130) 마 10:42.
131) 고전 12:28.

헬라어 원어의 구베르나타스(kubernatas)라는 말은 '키잡이(운전사)', '(배의) 조타수', 또는 '관리자'를 의미한다. 이 단어의 동사형은 '조종한다', 또는 '지시한다'는 뜻이다. 성서학자들은 이 구베르나시스(kubernasis)라는 말을 '정부', '다른 사람들을 함께 일하도록 만드는 자', '행정가', '다른 이들을 인도하는 힘', '영적 힘을 행사하는 자', '지배하는 일', 또는 '선한 지도자' 등으로 번역한다. 그리하여 어떤 이들은 이 은사를 '지도자의 지위 또는 리더십'을 가리키는 것이라고 한다.[132] 그러나 이 은사는 주로 '관리(administration)'와 관련되어 있다.

사람들이 모인 모든 단체는 관리와 책임이 필요하다. 그래서 하나님께서는 '관리의 은사'를 가진 훌륭한 지도자들을 교회에 주시곤 하였다. 성령께서는 이 은사를 가진 사람들로 하여금 단체 안에 있는 유능한 사람을 발견하여 그들을 효율적으로 인도하게 한다. 이 은사는 바른 판단, 바른 충고, 바른 단체의 기능 등을 알게 하며 또한 사람을 지도할 능력을 준다. 이 은사를 가진 사람들은, 마치 배의 파일럿이 그러하듯, 거친 바다를 통과하여 올바른 방향으로 가도록 그 조직을 조종한다.

유능한 관리자들은 다른 사람들의 의견들도 듣지만, 때로는 많은 사람들의 공통된 의견이나 인기 있는 의견들보다는 '정당한 것(what is right)'을 행하여야만 한다. 1941년에 영국의 수상 처칠이 영국 하원에서 유머 섞인 말로 다음과 같이 연설하였다. "지도자들은 엎디어서 그들의 귀를 땅에 대고 있어야만 한다고들 말하고 있는 것을 나는 알고 있다.

---

132) New Living Translation에서 고전 12:28에 나오는 'kubernasis'를 그렇게 번역했다.

그래서 앞으로 영국 사람들은 꼴 보기 싫게 된 지도자들을 위로 쳐다보기가 아주 힘들 것이라는 것을 나는 이 시간에 말할 수밖에 없다." 보다 책임 있는 지도자가 되려면, 보다 많이 기도해야 하고, 성경의 가르침에 충실하여야 하고, 하나님의 인도에 순종하여야 한다. 지도자들은 종종 감정적으로 흥분한 군중의 소란스러운 요구를 들어주기보다는 용기를 내어 하나님을 따라야만 한다.

물론 사람들은 지도자가 성경에서 가르치고 있는 원리들을 충실히 지키도록 하게 하는 책임이 있다. 악한 지도자들은 그의 추종자들이 좋아하는 것을 함으로 잘한다고 생각한다. 미국의 테일러(Bayard Taylor)(1825-1878)라는 사람이 『자기통달』(*Self-Mastery*)' 이라는 책에서 지도력에 관하여 다음과 같이 예리하게 말했다.

"남을 인도하려는 사람은 먼저 자신이 인도를 받아야만 한다.

사랑은 받고자 하는 자는

자기가 받는 것 이상으로 남을 사랑할 수 있어야 하고,

권력의 지팡이를 가진 자는 먼저 머리를 숙여야 하며,

존경을 받는 자는, 자기가 받는 것 이상으로 남을 존경하여야 한다.

이 세상에 자기 이름을 남기는 사람들은 이것을 안다."[133]

---

133) *Masterpiece of Religious Verse*, edited by James Dalton Morrison, (New York; Harper & Brothers, 1948), p. 303.

신약성경은 지도자들이 높은 윤리적 수준을 지키며 도덕 행위에 흠이 없어야 한다고 분부하고 있다.

사도 바울은 디도를 그레데에 남겨두어, '부족한 일을 바로잡고 명한 대로 각 성에 장로들을 세우게' 하였다.[134] 이것을 보면 디도는 이 은사를 가지고 있었다. 이 관리의 은사는 지도자들로 하여금 우리들이 교회에서, 학교에서, 병원에서, 선교 기관에서 그리고 그 외 여러 기독교 기관에서 가지고 있는 여러 관리 직책에 있어 효율적으로 봉사할 수 있도록 한다. 이 은사는 각 분야에 있는 사람들, 예를 들어, 공장에서 일하는 사람, 학생, 운동 코치, 가정부, 실업인 또는 전문직에 있는 사람들도 가질 수 있다. 오늘의 교회는 하나님이 기름 부은 그런 훌륭한 지도자들이 필요하다.

19. 전도의 은사 (Evangelism)

구원받지 못한 사람들의 심각한 상태를 이해하며, 그들이 예수 그리스도를 구주로 영접하도록 인도하는 특별한 능력 [135]

이왕겔리스타스(euangelistas)라는 헬라어는 '좋은 소식을 전하는 자', '좋은 소식을 가지고 오는 자', 또는 '전도자' 라는 의미이다. 전도의 은사는 그리스도의 복음을 분명하게, 그리고 확신을 가지고 전하도

---

134) 딛 1:5.
135) 엡 4:11.

록 '성령이 주신 능력'이다. 이 은사는 그리스도인들로 하여금 설교나 글, 그리고 개인적 대화를 통해 다른 사람들을 그리스도께로 인도할 수 있도록 준비시켜 준다. 전도자의 메시지의 내용은 이왕겔리온(euangelion), 곧 복음이다.

전도의 은사를 가진 어떤 그리스도인들은 개인 전도에는 뛰어나지만 전도설교에 있어서는 그렇지 못하다. 반면에 어떤 그리스도인들은 전도설교를 통하여 많은 사람을 그리스도에게로 인도하지만 개인 전도의 방법으로는 그렇게 잘 하지 못한다. 그런가 하면, 어떤 신자는 이 두 가지 전도 방법 모두에서 뛰어나다. 하나님은 또 어떤 그리스도인들은 전도용 글을 쓰도록 부르신다. 전도에서 놀라운 것은 올바르고 거룩한 삶에서 나오는 능력이다.

전도에서의 성공은 우리들의 노력에 달려있는 것이 아니라 성령을 통하여 하나님께서 역사하시는 데 달려 있다. 그러기에 전도에 있어 변덕을 부리거나, 성경에 없는 약속을 하거나, 기교를 부리는 일들은 불필요할 뿐 아니라, 잘못된 일이다. 그리스도에게로의 순수한 회심은 하나님의 역사에서 오는 것이다. 요한복음에 다음과 같이 말씀이 있다. "영접하는 자 곧 그 이름을 믿는 자들에게는 하나님의 자녀가 되는 권세를 주셨으니 이는 혈통으로나 육정으로나 사람의 뜻으로 나지 아니하고 오직 하나님께로부터 난 자들이니라."[136] 다른 모든 성령의 은사가 그렇듯이, 이 전도의 은사도 단순한 인간의 재능이 아니라 하나님께서 하시는 일

---

136) 요 1:12-13.

이다.

이 은사를 가지고 있는 사람들은, 예수 그리스도를 구주로 알지 못함으로 하나님의 마지막 심판을 향하여 비틀거리며 달리고 있는 구원 받지 못한 사람들에 대한 생각을 떨쳐버릴 수가 없다. 이 은사는 사람에게 미신자들이 예수 그리스도를 구주로 받아들이도록 깊은 관심을 베푼다. 영혼 구원의 일을 하는 신자들은 자기들 자신이나 교회에 대한 생각보다는, 예수 그리스도를 존귀케 하며 죄인들을 위해 돌아가신 그리스도의 대속의 죽음을 향해 더 많은 관심을 갖는다. 누군가가 그들을 그리스도에게로 인도하여야만 그리스도인이 될 수 있기 때문이다. 그리하여 선지자는 그 구원의 길을 주목하게 하고, 교사는 그 길을 설명하고, 목사들은 사람들을 그 길로 인도한다. 그리고 전도자들은 사람을 그 길로 데려오는 일에 집중한다.

20. 목양의 은사 (Shepherding)

사람들을 가르치며, 인도하며, 양육하는 목회사역을 통하여 그들을 성숙한 그리스도인에 이르도록, 그리고 그리스도를 닮도록 인도하며 봉사하는 은사[137]

포이만(poiman)이라는 헬라어의 뜻은 '양치기, 목자(shepherd)' 이다. 신약성경은 이 말을 세 가지의 의미로 사용하고 있다.

---

137) 빌 4:11.

(1) 이 단어는 일상적으로 '양을 치는 자'를 가리킨다. 예를 들어, 아담과 하와의 아들 가운데 아벨이 있었는데 이 사람은 '양을 치는 자'였다[138] 이 단어는 신약성경에서도 그런 뜻으로 사용되었다. "그 지역에 목자들이 밤에 밖에서 자기 양 떼를 지키더니."[139]

(2) 많은 곳에서 신약성경은 예수님을 가리켜 '목자'라는 말을 사용하고 있다. 베드로는 예수님을 우리 영혼의 '목자와 감독'이라고 표현하였다.[140] 히브리서 기자는 예수님을 양들의 큰 목자로 표현하고 있다. "양들의 큰 목자이신 우리 주 예수를 영원한 언약의 피로 죽은 자 가운데서 이끌어 내신 평강의 하나님이 모든 선한 일에 너희를 온전하게 하사 자기 뜻을 행하게 하시고 그 앞에 즐거운 것을 예수 그리스도로 말미암아 우리 가운데서 이루시기를 원하노라 영광이 그에게 세세무궁토록 있을지어다."[141]

(3) 이 '목자'라는 말은 교회를 다스리고 보살피는 '목회자'에게 사용되고 있다. 사도 바울은 목회자를 '무리를 치는 자'로 표현하고 있다. 진정한 목회자는 '양들의 큰 목자'이신 예수 그리스도를 돕는 자들이다.[142] 참 선한 목자들이란 양들을 위하여 기꺼이 목숨을 버리고자 하는 자들이다.[143]

---

138) 창 4:2.
139) 눅 2:8.
140) 벧전 2:25. 신약성경에 예수님을 목자라고 표현한 곳은 그 외에도 여러 군데 있다(마 26:31, 막 14:27, 요 10:11, 14:16, 히 13:20). 구약의 시 23:1에서는 주님을 목자라고 표현하였다.
141) 히 13:20-21.
142) 행 20:28.
143) 요 10:11.

목자가 하는 중요한 역할 가운데 하나는 가르치는 사역이다. 에베소서 4:11에서 사도 바울은 목회와 가르치는 사역이 밀접한 관계를 가지고 있다는 것을 말하고 있다. 목양의 은사 없이 가르치는 은사만 가질 수도 있을 것이다. 그러나 목회자는 가르치는 은사를 가져야만 한다. 목회자가 교회를 목회하지 않으면서도 가르칠 수는 있다. 그러나 가르침 없이 목회할 수는 없다. 참된 목자라면 사람들에게 하나님의 말씀을 가르쳐야만 한다. 참으로 하나님의 말씀을 가르치고 설교하는 것은 목회자들의 중요한 의무이다. 신약성경은 사람들로 하여금 큰 목자이신 그리스도를 따르도록 가르치는 의무가 목회자들에게 있다는 것을 말하고 있다.

신약성경은 목회자를 설명함에 있어 '장로' 그리고 '감독' 이라는 말을 사용하고 있다. 이 말은 목회자들이 하나님이 위탁한 양떼들을 먹이며, 인도하며, 보호할 의무가 있다는 말이다. 이런 중요한 일들을 잘 하기 위해서는 목양의 은사를 통하여 역사하는 성령의 능력이 요청된다.

신자가 목양의 은사를 행하기 위하여 반드시 안수를 받거나, 목회자의 직위를 가져야할 필요는 없다. 많은 평신도들도 목회자(pastor)의 일을 한다. 예를 들어서, 십대 소년이 자기의 학우들을 돌보며 그리고 지도할 수 있다. 공장에서 일하는 신자가 자기의 동료들, 그리고 친구들을 돌볼 수 있다. 가정에서 일하는 사람도 젊은 여성들을 가르치며, 양육하며 인도하면서 그들을 돌볼 수 있다. 청년 지도자, 주일학교 교사, 그리고 직장인들도 자기들이 봉사하는 곳에서 목회자처럼 일할 수가 있다. 안수 받고 목회하는 목사는 목양의 은사를 가진 평신도들을 목양 사역에 활용할 수 있다. 지혜 있는 목회자는 교회 안에서 그런 은사를 가진 평신도를 발견하고 목회 사역에 활용한다.

신약성경은 이런 목양의 은사를 가진 자들은 순결하고 성숙한 인격을 가지고 청렴한 생활을 하여야 한다고 주장한다. 저들은 "말과 행실과 사랑과 믿음과 정절에 있어서 믿는 자에게 본"이 되어야만 한다.[144] 사도 바울은 디도에게 다음과 같이 말하였다. "감독은 하나님의 청지기로서 책망할 것이 없고 제 고집대로 하지 아니하며 급히 분내지 아니하며 술을 즐기지 아니하며 구타하지 아니하며 더러운 이득을 탐하지 아니하며 오직 나그네를 대접하며 선행을 좋아하며 신중하며 의로우며 거룩하며 절제하며 미쁜 말씀의 가르침을 그대로 지켜야 하리니 이는 능히 바른 교훈으로 권면하고 거슬러 말하는 자들을 책망하게 하려 함이라."[145]

맺는 말

하나님께서는 위에서 언급한 모든 성령의 은사들을 오늘날에도 계속 주신다. 하나님께서 이 은사들을 그리스도인들에게 주심으로, 그리스도의 몸이 '하나님의 아들을 믿는 것과 아는 일에 하나가 되어 온전한 사람을 이루어 그리스도의 장성한 분량이 충만한데까지 이르게'[146] 될 것이다. 하나님께서 당신에게 은혜로 주신 성령의 은사들을 통하여 봉사

---

144) 딤전 4:12.
145) 딛 1:6-9.
146) 엡 4:13.

하게 될 때에 하나님의 나라는 보다 왕성하여질 것이다. 당신에게 주어진 카리스마타를 알고 활용함으로 생산적인 삶을 위한 견고한 터가 형성될 것이며, 이로 인하여 당신은 지금과 영원히 계속될 상을 받게 될 것이다.

성령의 은사와 성령의 열매는 어떻게 다른가

Discerning the Distinctians

성령의 은사와
성령의 열매는 어떻게 다른가
Discerning the Distinctians

사도 바울은 편지에서 말하기를 "형제자매 여러분, 신령한 은사들에 대하여, 나는 여러분이 모르고 지내기를 바라지 않습니다"[1] 고 하였다. 오늘날, 우리들은 초대 교회 교인들이 직면했던 것과 같은 도전들을 받고 있다. 바울의 시대에 그랬듯이 오늘날에도 성령의 은사에 대하여 무지하거나, 혼돈하고 있거나 또는 의심하고 있는 사람들이 많다. 이런 장애물을 무엇으로 비교할까? 우리들은 이런 장애물들을 연이 바람을 타고 잘 날도록 인도하는 힘을 제한하는 엉킨 연 줄에 비교할 수 있을 것 같다. 이 장에서는 우리들을 때때로 둔화되게 하는 장해물 세 가지에 대하여 알아보도록 하겠다.

1. 성령의 은사가 성령의 열매와 같은 것인가 아닌가.

그리스도인들은 가끔 성령의 은사들을 성령의 열매들로 혼동한다. 하나님의 하시는 이 두 가지는 서로 다른 것으로 구분된다. 사도 바울이 갈라디아에 있는 그리스도인들에게 쓴 편지에서 성령의 열매는 사랑과 희락과 화평과 오래 참음과 자비와 양선과 충성과 온유와 절제라고 하였다.[2] 성령의 열매는 도덕적 덕목들로서, 성결, 성숙함, 그리스도와 같은 것 등을 말하는 것이다. 우리들의 생활에서 이런 것들이 있음은 바로 우리들이 살아 계신 주님의 제자들로서 성숙하게 성장하였다는 것을 지적하는 것이다.

그와는 대조적으로, 성령의 은사들은 도덕적인 미덕들이 아니다. 오히려 성령의 은사란 하나님께서 주신 영적 능력 그리고 초자연적인 능력을 의미한다. 성령의 열매가 사람의 인격(character)에 관한 것이라면, 성령의 은사는 봉사와 연관 되는 것이다. 성령의 열매가 '우리가 어떤 사람인가(who we are)' 에 관한 것이라면, 성령의 은사는 '우리가 무엇을 하는 가 (what we do)' 에 관한 것이다. 성령의 은사는 우리들이 사역하며 봉사하기 위하여 하나님께서 우리들에게 주시는 능력이요, 영적 도구인 것이다. 예를 들어서, 가르치는 은사는 도덕적 미덕이 아니다. 이것은 하나님의 진리를 인간의 자연적 재능만으로 가르친다는 것은 불

---

1) 고전 12:1.
2) 갈 5:22-23.

가능하기에 이를 가르칠 수 있도록 하기 위하여 하나님이 기름 부어 주시는 것이다.

아래 도표에서 성령의 은사가 성령의 열매와 구분되는 것을 요약해 보겠다.

<table>
<tr><td>

성령의 열매들

- 하나님께서는 모든 그리스도인에게 모든 성령의 열매를 주기 원하신다.
- 성령의 열매는 인격과 성결을 드러내는 것이다.
- 그리스도인들은 성령의 모든 열매를 기대할 수 있다.
- 모든 성령의 열매가 다 필요하다.
- 성령의 열매는 악용될 수 없다. 이는 하나 되도록 인도한다.

</td><td>

성령의 은사들

- 하나님께서는 신자들에게 각각 다른 은사를 주시기를 원하신다.
- 성령의 은사들은 사역과 봉사를 효과 적으로 할 수 있게 하는 것이다.
- 그리스도인은 몇 가지의 성령의 은사만을 기대할 수 있다.
- 어떤 은사들은 다른 은사들 보다 더 필요할 수 있다.
- 성령의 은사들은 악용될 수 있으며 분쟁과 분파를 일으킬 수 있다.

</td></tr>
</table>

2. 성령의 은사들은 인간의 재능이나 숙달된 기술과 같은 것인가, 아닌가.

어떤 그리스도인들은 성령의 은사들을 인간의 자연적 재능 또는 숙달된 능력과 혼동하고 있다. 물론 인간의 재능과 숙달된 기술은 훌륭한 것이다. 성령에 의존하지 않고도 사람의 타고난 재능만으로 일을 할 수는 있다. 그래서 재능 있는 사람은 훌륭한 위업을 이룩할 수가 있다. 그런 사람들은 때때로 사람들의 지지도 받고, 유용한 도구도 발명하고, 아름다운 그림도 그리며, 감동적인 노래를 작곡하고, 인상적인 건물도 설계하고, 사람들의 표도 끌어 모은다.

그러나 어떤 때는 인간이 성취한 일들이 유익을 주기보다는 해를 초래할 수도 있다. 타고난 재능에만 의존하는 사람들은 자기들의 최고의 잠재력을 발휘할 수 없으며 또한 하나님의 온전한 축복을 얻을 수도 없다. 인간의 하는 일들이 빛이 나고 인상적일지라도, 그 자체만으로는 하나님의 나라를 건설하거나, 하나님의 인정을 받기에는 충분하지 못하다.

성령의 은사와 인간의 재능사이에는 최소한 여섯 가지의 다른 점이 있다. 이를 아래 도표로 그려보겠다.

<table>
<tr><th>인간의 재능과 능력들</th><th>성령의 은사들</th></tr>
<tr><td>
• 인간의 재능들은 우리가 태어 날 때 받는다.
• 인간의 재능들은 자연적으로, 우리들의 부모와 조상들을 통하여 온다.
• 이런 재능과 자연 능력들은 모든 사람이 가지고 있다.
• 인간의 능력은 성령의 역사와 상관없이 작용할 수 있다.
• 인간의 재능으로 하는 일은 사람에게 영광을 돌린다.
• 인간의 재능들은 자연 세계에서 작용하며 한 때의 결과를 가져온다.
</td><td>
• 성령의 은사는 우리가 거듭 날 때 받는다.
• 성령의 은사는 초자연적인 것이며, 이는 성령이 주시는 것이다.
• 성령의 은사는 그리스도인만이 받는 것이다.
• 성령의 은사는 성령을 통하여서만 자유로이 역사한다.
• 성령의 은사는 하나님을 영광스럽게 한다.
• 성령의 은사는 초자연적인 세계에서 역사하며, 영원한 결과를 가져온다.
</td></tr>
</table>

재능 있는 소프라노 가수는 탁월한 재능을 가지고 수천에 이르는 청중을 즐겁게 하며 음악 평론가들의 갈채를 받을 수 있다. 그러나 그러한 인간의 재능이 성령의 은사는 아니다. 물론, 그리스도인들도 자기들의 주어진 재능을 발전시켜야 한다. 하나님은 그런 것들도 사용하실 수 있다. 그리고 실제로 사용하신다. 그러나 성령의 은사들 없이, 우리들은 하나님의 나라의 일을 하는 데 필요한 사역을 할 수 없는 것이다. 예를 들어, 재능 있는 소프라노 가수가 전도의 은사를 가지고 있다고 상상해 보자. 그러면 그녀는 찬양의 사역을 통하여 많은 사람들을 예수 그리스도에게도 인도하는 도구가 되었을 것이다.

때로는 어떤 재능을 가진 사람이 또 같은 성질의 성령의 은사를 가질 수 있다. 예를 들어서, 어떤 사람이 말을 잘하는 재주가 있으면서도 또한 예언의 은사를 가질 수 있는 것이다. 그런 경우, 하나님께서는 그가 가지고 있는 재능을 한층 강화하셔서 더 높은 수준의 성령의 은사로 그것을 고양시키실 것이다.

동시에 어떤 때는, 가망 없어 보이는 사람이 예기치 않았던 성령의 은사를 받기도 한다. 모세는 "입이 뻣뻣하고 혀가 둔한 자"였다.[3] 그럼에도 하나님께서는 모세에게 은사를 주어 그가 히브리 사람들을 애굽에서의 종살이에서 구출해내어 약속의 땅으로 인도하게 하셨고, 백성들에게 하나님의 십계명을 전하도록 하셨다.

멋진 재능들을 가지고 있는 않은 사람들도, 만약에 하나님께서 성령으

---

3) 출 4:10.

로 그들을 통하여 역사하신다면 큰일을 해낼 수 있을 것이다. 예를 들어, 피아노 그 자체는 음악을 창출할 수는 없다. 멜로디는 숙련된 손가락이 건반을 두드릴 때만 나온다. 예수님은 말씀하셨다 "나는 포도나무요 너희는 가지라 그가 내 안에, 내가 그 안에 거하면 사람이 열매를 많이 맺나니 나를 떠나서는 너희가 아무 것도 할 수 없음이라."[4] 스가랴 선지자는 하나님의 영원한 메시지를 다음과 같이 선언하였다. "만군의 여호와께서 말씀하시되 이는 힘으로 되지 아니하며 능력으로 되지 아니하고 오직 나의 영으로 되느니라."[5]

우리들의 재능들과 성령의 은사들도 하나님께로부터 오는 것으로, 하나님은 이 두 가지를 다 사용하신다. 예술적 능력, 수술의 능력, 기계를 다루는 능력, 미학의 능력 그리고 지적 능력 등 모든 능력의 원천은 하나님, 창조주에게 있는 것이다. 야고보는 우리들에게 상기시키기를 "온갖 좋은 은사와 온전한 선물이 다 위로부터 빛들의 아버지께로부터 내려오나니"[6]하였다(여기에 은사라는 말이 나오는데, 야고보는 이를 카리스마(charisma)로 표현하지 않고 도라마(dorama) 로 표현하였다). 신약성경은 여전히 그리스도인의 사역을 위해서는 성령의 은사가 필요하다는 것을 강조하고 있다. 왜냐하면, 성경이 그리 주장하고 있을 뿐 아니라, 성령의 은사들은 성령으로부터 오는 것으로, 이는 교회의 중요한 사역에서 필요하기 때문이다. 그러므로 우리들은 성령의 은사들에 대한 주의

---

4) 요 15:5.
5) 슥 4:6.
6) 약 1:17.

를 환기하여야 한다.

3. 사람 개인의 인간성(특질), 특별한 은혜, 교회에서의 직분 그리고 종교사역이 모두 성령의 은사들인가 아닌가.

어떤 교사들은 성령의 은사를 인간 개성의 특징과 혼동하고 있다. 한 번은 어떤 집회에서 설교자가 말하기를, "수백 개의 성령의 은사가 있다고 믿는다. 사람의 개성이 친절한 것, 심각한 것, 유머가 있는 것, 테니스를 잘 치는 것, 물건 흥정을 잘 하는 것, 고양이보다는 개를 좋아하는 것, 이 모두가 성령의 은사이다"라고 했다. 그는 더 나아가, 자기는 사교성의 은사를 가지고 있고, 자기 부인은 아름다움의 은사를, 그리고 자기 딸은 쇼핑을 현명하게 잘하는 은사를 가지고 있다고 했다. 이는 잘못된 말이다.

사람의 성격이 '친절하다', '심각하다' 그리고 '검소하다' 등은 성령의 은사들이 아니다. 또한 우리들이 내향적이라거나 외향적이라거나 하는 것들이 성령의 은사를 가리키는 것이 아니다. 어떤 이는 전도의 성령의 은사를 가지고 외향적인 행동으로 일을 하고, 또 다른 이는 같은 은사를 가졌으나 조용한 거동으로 일을 한다. 관리 행정의 은사를 가진 어떤 사람은 유머를 떠들면서 일을 하고, 그런가 하면 다른 사람은 같은 은사를 가지고 조용하게 일을 효율적으로 일을 처리한다. 이와 같이 성령의 은사는 같으나, 일하는 사람의 성품은 다른 것이다.

어떤 교사는 다음과 같은 것들 곧 '고난', '청빈', '독신', '환대', 그리고 '싸움'을 포함한다고 글을 썼다. 또 다른 저자는 성령의 은사의 목록을 쓰면서, '친절', '낙관주의', '쾌활함', '인내', '검소', '관대', '단정한 옷차림', '판매의 기술'과 같은 것들을 열거했다. 이런 성품 그리고 특질 그리고 행동들은 일상생활에 있어 하나님께서 도와주신다는 증거라 할 것이다. 그러나 그런 것들이 신약성경이 말하는 성령의 은사들은 아니다.

인간 성품의 특질들이(personality traits) 성령의 은사들이 아니라고 한다면, 그것들은 또한 성령의 은혜들(spiritual graces)이라고도 볼 수 없다. 순교하는 일, 어려운 박해를 참는 일, 청빈한 생활을 하는 일, 그리고 독신으로 살도록 부름을 받은 일 등이 성령의 은혜로 사는 것의 대표적 예라 하겠다. 하나님의 허락으로 순교를 하거나, 빈곤한 생활을 하거나, 수도원에서 생을 보내거나 하는 그리스도인들은 그런 일을 할 수 있도록 성령의 은혜를 받은 것이다. 그러나 이런 것들이 성령의 은사는 아닌 것이다. 그런 것들은 비정상적인 상황에 대비하여 하나님께서 특별히 은혜를 주신 것이다.

때때로, 성령의 은사와 교회에서의 직책과 지위의 구분을 엉망진창으로 만드는 사람이 있다. 어떤 유명한 교사는 말하기를 "중요한 성령의 은사 가운데 하나가 찬양대 지휘자이다"라고 광고했다. 교회에서의 어떤 직분이 성령의 은사는 아니다. 찬양대 지휘자, 교회의 사무장 또는 감독과 같은 지위는 그들이 하고 있는 직무(ministry)를 가리키는 것이다.

물론 목회자의 직무를 가지고 있는 사람이 목양의 성령의 은사를 가지고 있지 않는 경우도 있을 것이다. 또한 가르치는 책임을 가지고 있는 사람 가운데 가르치는 성령의 은사를 안 가진 사람도 있을 것이다. 그런가 하면 가르치는 은사를 가지고 있는 사람들이 교회에서 가르치는 직분을 가지고 있지 않는 경우도 있을 것이다. 그리고 관리의 은사를 가지고 있는 사람이 교회에서 행정직을 가지고 있지 않은 경우도 있을 것이다. 여기서 지적하고자 하는 것은 바로 어떤 직분이 은사가 아니며, 은사는 어떤 직분이 아니라는 것이다.

거듭 말하고자 하는 것은, 사람이 가지고 있는 직무나 소명(vocation)은 성령의 은사가 아니라는 것이다. 한 번은 어떤 회의에서 강사가 말하기를, "우리들에게는 시인, 기술자, 코치, 예술, 컴퓨터의 기술 등의 성령의 은사를 가진 많은 사람이 필요하다고 생각한다"고 하였다. 또한 어떤 저자가 그의 책에서 "공중 연설, 기도하는 것, 안내하는 일, 바이올린을 연주하는 일, 운동 코치로 지도하는 일, 타이핑하는 일 등이 다 성령의 은사들이다"라고 주장하는 것을 읽은 적이 있다. 한 여인은 나에게 말하기를 '개를 끌고 다니는 일'도 성령의 은사라고 하였다. 어떤 큰 도시의 시장은 자기가 시장인 것도 성령의 은사라고 말했다. 그러나 직무들, 여러 가지 봉사, 작업들이 중요한 일들이기는 해도 그렇다고 해서 그것들이 신약성경이 말하는 성령의 은사들은 아니다.

어떤 사람이, 예를 들어서, 코치로 지도하는 일, 요리하는 일, 테니스를 가르치는 일 또는 주차장을 관리하는 일 같은 일을 하도록 소명을 받았다고 할 수도 있을 것이다. 그런 직무들은 다 필요한 것이지만 그런 것들이 성령의 은사는 아니다. 가르치는 은사나 권고의 은사는 코치로 남을 지도하는 직무를 통하여 활동할 수 있을 것이다. 봉사와 도움을 주는 은사들은 교회에서 식당 관리를 할 맘이 내키도록 할지 모른다. 전도, 가르치는 은사, 그리고 지혜의 말씀의 은사들은 테니스를 가르치는 일을 동반할 수도 있을 것이다. 이런 직업 또는 소명들은 직무들이며, 성령의 은사들은 이런 직무들을 통하여 드러난다.

지금까지 우리들은 성령의 은사를 성령의 열매와 혼돈하지 말아야 한다는 것을 살펴보았다. 또한 우리들은 성령의 은사들이 인간의 타고난 재능과 다른 점을 지적하였고, 그리고 성령의 은사는 사람의 성품의 특질, 특별한 은혜, 직위, 직무 등과 구별되어야 한다는 것을 살펴보았다. 물론 바른 의견보다는 바른 마음을 갖는 것이 보다 좋다. 감사한 것은 우리들이 그 중 하나만 가져야 하는 것이 아니라는 점이다. 하나님의 도우심을 받아, 우리들은 바른 생각과 바른 생활을 추구할 수가 있는 것이다.

제5장

성령의 은사에 대한
7가지 원리

Directing the Focus

성령의 은사에 대한 7가지 원리
Directing the Focus

신약성경은 성령의 은사들에 관하여 일곱 가지 원리를 말하고 있다. 성경기자들은 때로는 이 원리들을 직설적으로 말하고, 어떤 때는 간접적으로 언급하고 있다. 이런 원리의 기준은 성경 한두 구절에서 추출된 것이 아니다. 여러 저자들에 의해 기록된 신약성경 여러 곳에서 드러난 것이다. 여기에서 말하는 원리들은 모든 성령의 은사들에 적용되는 것이다. 카리스마타는 오늘날에도 계속 있다. 그리고 다음에 말하고자 하는 성경적 원리들은 오늘날에도 적절한 것이다.

1. 모든 그리스도인들은 성령의 은사를 가지고 있다.

첫째로, 하나님께서는 그리스도인 각 자에게 하나 또는 그 이상의 카리스마타를 선물로 주신다. 사도 바울은 성령의 은사에 관하여 고린도 교인들에게 편지를 쓰면서 "각 사람에게 성령을 나타내시는 것은 공동의 이익을 얻게 하려고 하시는 것이다"라고 하여 이를 확인시키고 있다[1] 하나님께서는 그리스도를 따르는 자들마다에게 성령의 은사를 주시기 때문에 이 선물을 받지 않은 그리스도인은 한 사람도 없는 것이다.

하나님께서는 사람들의 교육, 지위, 교파나 지적인 능력에 근거하여 그들에게 성령의 은사 주시는 것을 보류하거나 하지 않으신다. 남자든 여자든, 평신도든 교역자든, 안수를 받았든 안받았든지 간에 모든 그리스도인은 하나님의 선물을 받을 수 있는 것이다. 그렇다고 한 그리스도인이 모든 성령의 은사들을 가지는 것은 아니다. 그러나 모든 그리스도인은 최소한 하나의 은사는 갖는다. 때로는 하나님께서 한 신자에게 몇몇 두드러진 능력들을 주시곤 하신다. 어떤 신자들은 자기에게 주어진 은사들을 모르고 있다. 또 다른 신자들은 자기의 은사들을 알지만 그것을 사용하지 않고 있다. 또 어떤 이들은 자기들의 은사를 잘못 사용하고 있다. 그럼에도 불구하고 모든 그리스도인들은 성령의 은사들을 가지고 있는 것이다.

사도 바울은 로마에 있는 교회에 편지하기를 "하나님께서 우리에게

---

1) 고전 12:7.

주신 은혜를 따라, 우리는 저마다 다른 신령한 선물을 가지고 있다"고 하였다.[2] 또한 사도 바울은 다른 곳에서 "몸은 하나인데 많은 지체가 있고 몸의 지체가 많으나 한 몸임과 같이… 은사는 여러 가지나 성령은 같다"고 가르치고 있다[3] 우리의 은사들은 다른 그리스도인들의 은사들을 보완하기 때문에 그리스도인 공동체를 위해서는 은사 하나 하나가 중요한 것이다.

하나님의 선물은 우리들이 돈이나 정치적인 수단으로 얻을 수 있는 것이 아니다. 하나님께서는 그것들을 은혜로 주시는 것이다. 신약성경 어디에도 성령의 은사들을 우리들이 요청하면 받을 수 있는 것이라 말하고 있진 않다. 사도행전을 보면 시몬이라고 하는 마술사가 하나님의 능력을 사고자 하였다는 이야기가 나온다. 그 때 사도 베드로가 꾸짖어 "네가 하나님의 선물을 돈 주고 살줄로 생각하였으니 네 은과 네가 함께 망할지어다"[4]라고 말하였다.

분명히 어떤 특정 은사를 구할 수도 있을 것이다. 성경은 성령의 은사들을 갈망하라고 우리를 격려한다. 그러나 바램(wishing)과 있어야한다고 주장하는 것(insisting)은 같은 것이 아니다. 하나님은 어떤 때는 우리가 바라는 은사를 주시지 않는다. 그러나 어떤 때는 주신다. 어떤 때는 당신이 구하지도 않았고 생각해본 적도 없는 은사들을 주시어 당신을 놀라게 하시기도 한다. 우리들은 하나님께서 우리들을 위하여 마련하신

---

2) 롬 12:6.
3) 고전 12:4, 8-10,14.
4) 행 8:20.

성령의 은사들을 우리가 발견하고 사용하기를 하나님이 원하고 계시다는 것을 안다. 사도 바울은 고린도 교회를 향하여 권고하기를 "신령한 은사를 열심히 구하라"고 했다.[5] 은사를 주시는 하나님을 향하여 맘문을 활짝 열고 기다리면, 우리는 하나님의 선물들을 발견하게 될 것이다.

만약에 모든 신자들이 자기들의 성령의 은사들을 발견하고 그것들을 충실히 활용한다면, 하나님께서는 그의 교회 위에 놀라운 축복을 내려주실 것이다. 하나님의 계획은 우리들을 통하여 세상을 변화시키는 일을 하고자 하시는 것이다. 신자 각 사람 그리고 교인 전체가 성령의 능력에 일깨워져 있다면, 그 교회는 모든 족속으로 주의 제사를 삼으라는 주님의 분부를 보다 속히 수행하기 시작할 것이다. 온 세계의 교회가 올바르게 사명을 수행함에 있어, 그리스도인들 하나하나가 중요하다. 그리고 우리 각자는 자신의 성령의 은사들을 발견하고 활용함으로써, 크게 공헌할 수가 있을 것이다.

2. 하나님은 인간의 공로와는 상관없이 성령의 은사를 주신다.

두 번째로, 우리가 알아야 할 것은, 성령의 은사는 우리들의 공적으로 얻는 것이 아니다. 우리들이 우리들의 힘으로 자신을 구원할 수 없듯이, 우리들의 능력으로 성령의 은사가 있게 할 수 없다. 사도 야고보는 "온

---

5) 고전 14:1.

갖 좋은 은사와 온전한 선물이 다 위로부터 빛들의 아버지께로부터 내려온다"고 기록하였다[6] 교회를 세우시는 이도 그리스도요 또한 선한 일을 할 수 있도록 우리들에게 힘을 주시는 분도 그리스도이시다.[7] 사도 베드로는 기록하였다. "각각 은사를 받은 대로 하나님의 여러 가지 은혜를 맡은 선한 청지기 같이 서로 봉사하라."[8]

하나님께서는 성령의 은사를 우리들의 공로가 있어서거나 우리가 그것들을 받을만해서 주시는 것이 아님에도 불구하고 하나님은 그가 주시는 은사를 우리들이 수용하기를 바라신다. 우리들은 하나님의 하시는 일에 협력을 하여야 한다. 일은 하나님이 시작하신다. 그리고 우리들이 그 일에 호응하기를 기대하신다. 사도 바울은 말한다. "그러므로 나의 사랑하는 자들아… 항상 복종하여 두렵고 떨림으로 너희 구원을 이루라. (왜냐하면) 너희 안에서 행하시는 이는 하나님이시니 자기의 기쁘신 뜻을 위하여 너희에게 소원을 두고 행하게 하시나니"[9] 그렇다. 하나님이 일하시지만, 우리들도 우리가 하여야 할 일을 하여야만 한다.

하나님은 우리들이 이 땅 위에서의 하나님의 역사의 한 부분이 되도록 정하신 것이다. 조지 엘리엇(George Eliot)가 지은 "스트라디바리우스"라는 감동적인 시에 다음과 같은 부분이 나온다.

---

6) 약 1:17.
7) 마 16:18, 딤후 2:21.
8) 벧전 4:10.
9) 빌 2:12–13.

당신은 오늘 바이올린 명연주자의 연주를 들으면서,

마음이 훨훨 날개쳐 올랐다.

당신은 그를 찬양했고

그 유명한 샤콘무곡을 작곡한 세바스찬 바흐도 찬양했다.

그러나 안토니오 스트라디바리,

그가 만든 낡은 악기를 생각해 보았는가?

백오십년 전의 그의 충직한 작업은 값비싼 악기 속에 녹아있다.

훌륭한 조화로 구성된 악기

명연주자에게 주어지나, 악기를 섬세하게 가장 적합히 다루는 그들의 손끝에서

완벽한 음악이 끊임없이 태어난다

하나님 그분도

자신을 돕는 가장 최선의 사람의 도움없이는

사람을 최고의 상태로 만들 수 없을 것이다……

하나님은 기량을 주시지만,

그러나 사람의 손이 아니고서는 그 기량이 드러날 수 없다.

안토니오 스트라디바리가 아니었다면

하나님조차도 스트라디바디 바이올린을 만들 수 없었을 것이다.

당신도 가서 열심히 일해 보라. [10]

---

10) George Eliot, "Stradivarius", *Complete Poems of George Eliot*(Boston: Estes and Lauriat, n. d.), pp. 398-402

하나님께서는 그리스도인 각자가 그의 마스터플랜 속에서 어디에 어떻게 적합할 것인지를 알고 계신다. 그리스도인들이 겸손히 그리고 감사하는 마음으로 하나님의 목적에 순종하면, 저들은 만족할 것이며, 각자가 자기들의 잠재력을 발휘하여 교회의 일치를 가져올 것이며, 마침내 영원한 상을 받게 될 것이다. 결국, 우리들이 누리는 모든 혜택은 인간의 노력이나 공로에서 오는 것이 아니라, 하나님의 은혜와 선하심에서 오는 것이다.

3. 하나님은 성령의 은사들을 하나님의 완전한 뜻에 따라서 주신다.

세 번째로, 하나님께서는 성령의 은사들을 하나님의 주권과 지혜를 가지고 나누어 주신다. 하나님은 카리스마타를, 사람의 희망이나 요청에 따라서가 아니라, 하나님의 뜻에 따라 배정하신다. 은사들은 성령께서 "그의 뜻대로 각 사람에게 나누어 주시는 것"이다.[11] 히브리서에서도 "하나님도 표적들과 기사들과 여러 가지 능력과 및 자기의 뜻을 따라 성령이 나누어 주신다"고 기록되어 있다.[12]

우리들은 성령의 은사들을 우리들이 선택하여 배정할 만한 온전한 지혜나 능력이 없다. 성령의 은사들은 당신들의 교회나, 교단, 부모 또는

---

11) 고전 12:11.
12) 히 2:4.

지도자가 주는 선물이 아니다. 성령의 은사들은 성령의 선물로 주어지는 것이다. 성령만이 그의 지혜와 뜻에 따라 성령의 은사들을 배정할 수 있다. 예수님도 성령의 통치권을 이해하시어 다음과 같이 말씀하셨다. "바람이 임의로 불매 네가 그 소리는 들어도 어디서 와서 어디로 가는지 알지 못하나니 성령으로 난 사람도 다 그러하니라."[13]

우리들은 하나님께서 정해주시는 은사 또는 은사들을 겸손히 그리고 감사하는 마음으로 받아야 한다. 만약에 우리들이 "나는 하나님이 내게 주신 성령의 은사가 싫다. 나는 내 은사를 다른 사람의 은사와 바꾸고 싶다. 그래서 그 누구처럼 성공하고 싶다"고 말한다면, 이는 참으로 감사를 모르는 사람이다. 하나님께서는 우리들에게 가장 적합한 은사들을 은혜로 주시는 것이다. 우리들의 은사들은 아마도 우리들이 공공연히 눈에 띄게 봉사하는 데나 혹은 익명으로 알려지지 않은 일을 하는 데 적절할 것이다.

하나님께서는 목수가 연장들을 사용하듯이 우리들을 사용하신다. 톱은 널판을 자르고, 망치는 못을 박고, 대패는 나무표면을 고르게 하고, 송곳은 구멍을 뚫고, 자는 길이를 측량한다. 우리 몸의 지체 각각은 건강을 위하여, 그리고 우리 몸이 제대로 기능하기 위하여 모두 다 중요하다. 사도바울은 다음과 같이 말했다. "하나님이 그 원하시는 대로 지체를 각각 몸에 두셨다. 만일 모두 한 지체뿐이면 몸은 어찌 되겠는가? 지체는 많지만 몸은 하나인 것이다. 눈이 손을 향하여 나는 네가 필요 없다

---

13) 요 3:8.

또는 머리가 발을 향하여 나는 네가 필요 없다고 말할 수는 없는 것이다." 은사를 주시는 하나님은 어느 것이 우리들에게 가장 적합한가를 아시는 지혜로운 분이시다. 그러므로 가진 은사로 인하여 거만하거나 열등감을 느낄 이유가 없는 것이다.

1784년 존 웨슬리는 하나님을 온 마음과 뜻과 정성과 힘을 다하여 섬기겠다는 사람들을 위하여 '서약 예배'를 준비하였다. 그 예배의식에 다음과 같은 헌신의 기도문이 있다.

그리스도를 위하여 하여야 할 봉사에는 여러 가지가 있습니다. 어떤 봉사는 쉽고, 어떤 봉사는 어려운 것입니다. 어떤 일은 명예스럽고, 어떤 일은 책망을 받게 되어 있습니다. 어떤 봉사는 하고 싶으며 일시적인 관심이 가는 일인가 하면, 어떤 봉사는 이와는 정반대입니다. 어떤 봉사는 그리스도도 기쁘게 하고 우리 자신들도 기쁘게 하는 일인가 하면, 또 다른 봉사는 자기를 부정하지 않고서는 그리스도를 기쁘게 할 수 없는 일입니다. 그러나 우리들에게 능력 주시는 그리스도 안에서 우리는 분명히 모든 일들을 할 수 있음을 믿습니다….

나는 이미 내 것이 아니라 주님의 것입니다. 주님이 원하신 곳에 나를 두소서. 당신이 원하시는 사람들과 함께 세우소서. 나로 하여금 일하게 하옵소서. 필요하다면 고난도 당하게 하옵소서. 내가 당신을 위하여 사용되며 당신을 위하여 나를 버리게 하옵소서. 당신을 위하여 높이시고 또는 낮추소서. 모든 것을 갖게 하시고 또는 아무 것도 갖지 않게 하옵소서. 나는 온 마음으로 모든 것을 당신이 기뻐하시는 바와 처분에 맡깁니다…. 그리고 이 땅에서 내가 맺는 이 서약이 하늘에서 확증되게 하옵소서. 아멘![14)

    성경은 하나님이 주시는 성령의 은사들을 기쁨으로 받아, 다른 사람들을 봉사하는 데 사용하라고 분부하고 있다. 하나님께서는 사람 각자를 자기만의 한 인격을 가진 개인으로 만드셨다.[15) 그렇기 때문에, 각 사람은 유일하고 특별한 존재이며 독특한 가치를 가지고 있는 것이다. 하나님께서는 우리들에게 은혜로 카리스마타를 주신다. 그리고 우리들이 그리스도를 따르면, 성령께서 우리들의 은사들을 하나님과 다른 사람들을 위하여 사용할 기회를 하나님의 뜻에 따라 열어 주신다.

4. 하나님께서는 봉사와 직무를 위하여 사용하라고 은사들을 주신다.

    네 번째로, 하나님께서는 은사를 주시되, 우리 호기심을 채우기 위해서나 우리 자신을 추켜세우기 위해서가 아니라, 봉사와 직무를 위하여 우리들을 준비시키려고 주시는 것이다. 성경은 우리들에게 "각 사람에게 성령을 나타내시는 것은 공동의 이익을 얻게 하려 함이라"고 말하고 있다.[16) 그러기에 은사와 다른 사람들을 위한 봉사와는 중요한 연관이

---

14) *The Methodist Book of Worship for Church and Home*(the Methodist Publishing House, 1944), pp. 52-53.
15) 시 139편.
16) 고전 12:7.

있는 것이다. 사도 베드로는 우리들에게 교훈하기를 "각각 은사를 받은 대로 하나님의 여러 가지 은혜를 맡은 선한 청지기 같이 서로 봉사하라"고 하였다.[17]

사도 바울은 빌립보 교회에게 쓴 편지에서 그리스도인의 봉사하는 정신에 대하여 다음과 같이 교훈하고 있다. "아무 일에든지 다툼이나 허영으로 하지 말고 오직 겸손한 마음으로 각각 자기보다 남을 낮게 여기고 각각 자기 일을 돌볼뿐더러 또한 각각 다른 사람들의 일을 돌보아 나의 기쁨을 충만하게 하라."[18] 마르틴 루터는 말하기를 그리스도인은 모든 일에 있어 자유롭지만, 그러나 동시에 '모든 사람의 가장 충실한 종'이라고 하였다.

하나님이 우리들에게 주신 은사들을 잘못 사용하거나 악용할 가능성도 있다. 그런 잘못은 우리들이 하나님이 주신 그 귀한 것을 개인의 권세나 영광을 얻기 위해 사용하거나 재정적 유익을 도모하기 위해 사용할 때 일어난다. 성령의 은사들을 그렇게 잘못 사용하면 교회에 분쟁이 생기고, 신성한 직무를 해치는 결과를 가져온다.

하나님은 성령의 은사들로 인하여 교회가 하나 되기를 원하시지, 결코 분열되는 것을 원하시지 않는다. 우리들은 "평안의 매는 줄로 성령이 하나 되게 하신 것을 힘써 지켜야" 한다.[19] 예수님께서 분명히 말씀하시기를 "너희 중에는 그렇지 않을지니 너희 중에 누구든지 크고자 하는 자는

---

17) 벧전 4:10.
18) 빌 2:3-4
19) 엡 4:3.

너희를 섬기는 자가 되고 너희 중에 누구든지 으뜸이 되고자 하는 자는 모든 사람의 종이 되어야 하리라” 하셨다.[20] 우리들은 짐을 서로 지면서 “그리스도의 법을 성취”하여야 한다.[21]

성경은 맘과 생활에 있어서의 성결을 강조한다. 하나님께서는 아브라함을 부르신 일로 시작하여 그리스도의 왕림에 이르면서, 약속하시기를 “우리가 원수의 손에서 건지심을 받고 종신토록 주의 앞에서 성결과 의로 두려움이 없이 섬기게 하리라”고 하셨다.[22] 베드로는 “오직 너희를 부르신 거룩한 이처럼 너희도 모든 행실에 거룩한 자가 되라”[23]고 말하면서 그리스도를 따르는 모든 사람은 거룩하여야 한다는 것을 강조한다. 모든 성도는 거룩하도록 노력하여야 한다. 우리가 말하는 기도, 성경공부, 자기훈련, 경건의 연습, 그리고 성령의 은사 등은 그 자체가 목적이 아니며, 목적을 이루기 위한 수단인 것이다.

헬렌 켈러(Helen Keller)는 태어난지 19개월 만에 열병에 걸렸다. 그 병으로 그녀는 청력과 시력 모두를 잃었다. 그런데 유명한 설리반(Anne Sullivan) 선생의 헌신적인 도움으로 말하는 것을 배우게 되었다. 헬렌 켈러는 훗날 이런 말을 했다. “당신의 성공과 행복은 결국 당신에 달려 있는 것이다. 생에 있어서 외적 조건들은 비본질적인 것들이다.” 진정 영속적인 실제는 사랑과 봉사에 있다. 하나님께서는 우리들에게 성령의

---

20) 막 10:43-44.
21) 갈 6:2.
22) 눅 1:74-75.
23) 벧전 1:15.

은사를 주셔서 우리 서로 서로가 도와 거룩한 삶을 살 수 있도록 하신다. "모든 사람에게 구원을 주시는 하나님의 은혜가 나타나 우리를 양육하시되 경건하지 않은 것과 이 세상 정욕을 다 버리고 신중함과 의로움과 경건함으로 이 세상에 살게" 하신다.[24]

5. 모든 은사가 중요하다.

옛 우화 중에, 몸에 있는 지체들의 불평에 관한 이야기가 있다. 눈과 귀 그리고 손과 발이 위(胃)에게 불평했다. 모든 음식을 다 먹으면서도 보답하는 것이 없다고 토라진 것이다. 그리고 이 지체들은 합심하여 위에 음식을 공급하지 않기로 했다. 그랬더니 얼마 안가서 결국 각 지체들은 쇠약해지더니 죽어가기 시작했다. 그제서야 지체들은 위가 자기들의 생존에 아주 중요한 것임을 깨닫고 다시 위와 연계하였다. 즉각적으로 위는 눈과 귀, 그리고 손과 발에 영양을 공급하기 시작했다. 그 이후 다시는 몸의 지체들이 위에게 불평을 하는 일이 없었다고 한다.

그리스도인들은 그리스도의 몸의 지체들로서, 각 각 다른 일을 하게 되어 있는 것이다. 어떤 직무는 대중들 앞에서 하는 일이며, 어떤 직무는 개인을 상대로 한다. 어떤 은사는 말을 사용하고, 어떤 은사는 행동으로 한다. 어떤 은사는 대중의 칭찬을 받도록 이끌며, 어떤 은사는 찬사나 박수를 받게 만드는 경우가 별로 없다. 그러나 모든 은사는 다 중요한 것이

---

24) 딛 2:11-12.

다. 그렇기 때문에 "나는 이런 은사를 가지고 있기 때문에 별로 중요한 사람이 아니다"고 말하는 것은 성서적으로 옳지 않다. 또한 "나는 이러한 은사를 가지고 있으니 다른 사람들보다 더 중요한 사람이야"고 말하는 것도 성서적이 아니다. 하나님은 우리들 각 개인을 창조하셨다. 따라서 우리 각자는 각자대로 가치와 존엄성이 있는 것이다. 이는 오케스트라 연주에서 바이올린과 비올라 연주에 피콜로나 팀파니가 보완될 필요가 있는 것과 같다. 하나님의 일에 있어 우리 각자는 우리 모두를 필요로 하는 것이다.

사도 바울은 가르치기를 " 몸이 하나요 성령도 한 분이시니 이와 같이 너희가 부르심의 한 소망 안에서 부르심을 받았느니라 주도 한 분이시요 믿음도 하나요 세례도 하나요 하나님도 한 분이시니 곧 만유의 아버지시라 만유 위에 계시고 만유를 통일하시고 만유 가운데 계시도다 우리 각 사람에게 그리스도의 선물의 분량대로 은혜를 주셨나니"(엡 4:4-7)라고 하였다. 그리스도인들은 한 몸에 속하고 있다.[25] 그리고 그리스도가 그 몸의 머리이시다.[26] 각 신자는 각자가 이행하여야 할 중요한 직무가 있다. 인간의 한 몸에 여러 지체가 조화 있게 움직이듯이, 각 신자들이 서로 주고받으며 조화 있게 일하는 것이 중요하다.

때로는 우리는 이렇게 말하는 사람을 본다. "나는 교회에 속하지 않고도 완벽하게 훌륭한 그리스도인이 될 수 있다." 이런 견해는 인간 자율

---

25) 롬 12:5, 고전 10:17, 갈 3:28, 엡 4:13.
26) 요 3:31, 롬 14:9, 엡 1:22, 4:15, 5:23, 골1:18, 2:19.

성을 주장하는 세속 철학사상을 반영하는 듯 하다. 인간에 대한 성경의 견해는, 사람은 홀로 사는 것이 아니라 서로 의존하며 살게 되어 있다는 것이다. 우리는 다른 사람들을 필요로 하며, 다른 사람들은 우리를 필요로 하는 것이다. 한번은 한 교인이 무디 목사님을 찾아와 교회 출석에 대하여 대화한 적이 있었다. 그 교인은 무디 목사님을 향하여 "나는 교회에 출석하거나 그리스도인 친구들과의 사귐 없이도 좋은 그리스도인이 될 수 있습니다"라고 말했다. 그랬더니 무디 목사님은 아무 말 없이 일어나, 벽난로 속에서 불타고 있는 장작들을 끄집어내서 바닥에 놓았다. 두 사람이 조용히 보고 있는 가운데, 바닥에 놓여져 홀로 타고 있던 나무 장작의 불은 이내 꺼지고 말았다.

6. 성령의 은사를 발견하고 사용하는 일을 우리들의 책임이다.

성령의 은사들을 어떻게 관리하였는가에 대하여는 하나님 앞에서 우리들에게 책임이 있다고 성경은 가르치고 있다. 사도 바울은 성령의 은사의 일부를 열거한 다음에 "부지런하여 게으르지 말고 열심을 품고 주를 섬기라"[27]고 기록하고 있다. 그는 또 디모데에게 편지하기를 "그러므로 내가 나의 안수함으로 네 속에 있는 하나님의 은사를 다시 불일 듯 하게 하기 위하여 너로 생각하게 하노니 하나님이 우리에게 주신 것은 두

---

27) 롬 12:11.

려워하는 마음이 아니요 오직 능력과 사랑과 절제하는 마음이니"[28]라고 하였다. 예수님은 마태복음 25장에 있는 달란트의 비유를 통하여 하나님은 우리들이 받은 모든 것에 있어 충성하기를 기대하신다는 것을 명백히 가르치고 있다.[29] 19세기 미국의 유명한 정치가였던 웹스터(Daniel Webster)는 "내가 계속 가지고 있었던 가장 중요한 생각은 하나님께 대한 나 개인의 책임에 대한 것이었다"고 말한 적이 있다.

1563년, 곧 16세기의 개신교의 종교개혁 이후에, 유럽에 있는 개신교회는 하이델베르그 교리문답서(Heidelberg Catechism)를 만들었다. 이 교리문답서는 중요한 교훈을 언급하고 있다. 55번 문항에 "당신은 성도의 교통을 어떻게 이해하고 있는가?"라는 질문이 나온다. 그에 대한 답은 다음과 같다. "신자들이 [성령 안에] 그리고 성령이 주신 모든 보화와 은사들 안에 참여하는 것이다…… 신자 각자는 다른 신자들의 유익과 복지를 위하여 자진하여 기쁨으로 자기의 은사들을 사용하여야 한다고 생각해야 한다."[30] 그런데 여러 해 동안 교회는 성령의 은사들을 등한히 여겨왔던 것 같다. 그러나 은사들을 책임 있게 사용하여야 한다는 것은 교회가 지켜오고 있는 중요한 전통인 것이다.

예수님께서 말씀하시기를 "무릇 많이 받은 자에게는 많이 요구할 것이요 많이 맡은 자에게는 많이 달라 할 것이니라"고 하였다.[31] 우리들이

---

28) 딤후 1:6–7.

29) 마 25:14–30.

30) The Heidelberg Catechism, *The Creeds of Christendom*. 3 vols., Fourth edition, edited by Philip Schaff (Grand Rapids : Baker Book House, 1966), 3:325.

31) 눅 12:48.

어떤 은사를 가졌든 지간에, 해를 거듭할수록 보다 유능한 사람이 되어야 할 것이다. 성경은 "우리가 다 반드시 그리스도의 심판대 앞에 나타나게 되어 각각 선악간에 그 몸으로 행한 것을 따라 심판을 받게 될 것이라"고 분명히 말하고 있다.[32] 그래서 예수님께서는 다음과 같이 충고하신다. "이같이 너희 빛을 사람 앞에 비취게 하여 그들로 너희 착한 행실을 보고 하늘에 계신 너희 아버지께 영광을 돌리게 하라".[33]

성령은 우리들을 그저 수동적인 존재로 취급하시지 않는다. 성령은 우리들에게 선택할 기회를 항상 주신다. 우리들은 생명 없는 물질들과는 다르다. 예를 들어, 누군가 전기 스위치를 누르면 불이 자동으로 켜지게 되는 전구는 선택의 여지도 갖지 못하는 물질일 뿐이다. 또한 동물들도 대부분 자기 본능에 의하여 행동하지 선택에 의하여 행동하지 않는다. 사람만이 '선택' 할 수 있는 것이다. 우리들은 순간순간 선택에 의하여 행동한다. 엘리야가 이스라엘 사람들에게 "너희가 어느 때까지 둘 사이에서 머뭇머뭇 하려느냐 여호와가 만일 하나님이면 그를 따르고 바알이 만일 하나님이면 그를 따를지니라"[34]고 외친 그 내용을 생각해 보라.

때때로 사람들은 종종 "성령께서 전적으로 나를 사로잡으셨기 때문에 나는 내가 말하는 것이나 행동하는 것을 통제할 수가 없었다"고 말하기도 한다. 한번은, 교회 앞에 다음과 같은 푯말이 붙여 있는 것을 본 적이 있다. "이 문들을 통과해 지나갈 때, 생각(mind)은 밖에 놓으라. 그리고

---

32) 고후 5:10. 또한 시 62:12, 렘 17:19, 마 16:27, 벧전 1:17, 계 20:12, 22:12를 보라
33) 마 5:16.
34) 왕상 18:21.

오로지 당신의 영(spirit)만을 가지고 와서 예배하라." 좋은 의도에서 그리했는지는 모르나 이런 것은 크게 잘못된 생각이다. 우리는 예수께서 "네 마음을 다하고 목숨을 다하고 뜻을 다하여 주 너의 하나님을 사랑하라"[35]고 하신 것을 기억해야만 한다.

성령께서는 항상 사람의 영과 함께 역사하신다. 사도 바울은 "그러므로 …두렵고 떨림으로 너희 구원을 이루라 너희 안에서 행하시는 이는 하나님이시니 자기의 기쁘신 뜻을 위하여 너희에게 소원을 두고 행하게 하시나니"[36]라고 말하면서, 하나님이 하시는 시작하시는 일과 그에 대한 사람의 호응이 연관되어 있음을 가르치고 있다. 성서적 입장에서 우리가 '하나님 없이는 우리는 할 수 없다. 그리고 우리들 없이는 하나님은 하시려 하지 않는다'고 말하는 것이 옳을 것이다.

7. 성령의 열매, 특히 사랑이 성령의 은사들을 규제하여야 한다.

우리는 사도 바울이 고린도전서 13장(사랑 장)을 12장과 14장(은사 장) 사이에 놓은 것을 주목한다. 고린도의 초대 교회는 여러 가지 성령의 은사들을 다 체험하였으나, 성숙하지 못했고 서로 반목하여 싸우고 분열되곤 하였다. 그들에게는 여전히 음란과 파당을 만드는 일, 서로 고소하

---

35) 마 22:37.
36) 빌 2:12-13.

는 일들이 있었다. 그런 무질서는 예배에 피해를 주었다. 그들은 그 사소한 일들에 관심을 쏟음으로 인하여 더 중요한 일들에 관심을 가지지 못하고 있었다.

사도 바울은 고린도 교회에 편지를 쓰면서, 그들은 아직도 영적 어린이라고 지칭했다. 고린도 교인들은 성령의 은사들을 자랑하고 있었지만, 성령의 열매는 전혀 없었다. 그래서 사도 바울은 성령의 은사와 성령의 열매 사이에 균형이 필요하다는 것을 강조하기 위하여 성령의 은사들에 관하여 논의하던 중간에 전략적으로 13장을 끼워 넣은 것이다. 바울은 다음과 같이 기록했다.

"내가 사람의 방언과 천사의 말을 할지라도 사랑이 없으면 소리 나는 구리와 울리는 꽹과리가 되고 내가 예언하는 능력이 있어 모든 비밀과 모든 지식을 알고 또 산을 옮길 만한 모든 믿음이 있을지라도 사랑이 없으면 내가 아무 것도 아니요 내가 내게 있는 모든 것으로 구제하고 또 내 몸을 불사르게 내줄지라도 사랑이 없으면 내게 아무 유익이 없느니라."[37]

이 성경 구절은 사람이 여러 가지 성령의 은사를 가지고 있을지라도 사랑이 없으면 소리나는 구리와 같이 가치가 없다는 진리를 강하게 표현하고 있는 것이다. 성령의 열매는 그것을 실제로 표현하는 통로로서 성령의 은사를 필요로 한다. 성령의 은사는 그를 바르게 사용하며, 규제하며, 그리스도께서 하시듯 사용하기 위하여 성령의 열매를 필요로 한다.

본 장에서 설명한 일곱 가지 원리가 하나님께서 우리들에게 주신 성령

---

37) 고전 13:1-3.

의 은사를 이해하고 사용하는 데 도움을 주었을 것이다. 이것들을 요약해 보자.

하나님은 은사를 모든 사람에게 주신다.

하나님은 성령의 은사를 인간의 공로와 상관없이 주신다.

하나님께선 성령의 은사를 자기의 주권으로 그이 뜻에 따라 주신다.

하나님께서는 우리들이 봉사할 수 있도록 하기 위해 성령의 은사를 주신다.

모든 성령의 은사가 중요하다.

하나님은 그 은사를 충실히 사용하는 청지기의 책임을 우리들에게 물으신다.

성령의 은사는 성령의 열매와 균형을 유지해야만 한다.

우리들이 하나님을 섬기는 그 기쁨을 증가시키는 데, 이런 원리들이 크게 도움이 될 것이다.

나의 성령의 은사를 발견해 보자

Discovering the prize

나의 **성령의 은사**를 발견해 보자
Discovering the prize

이 마지막 장에서는 여러분의 성령의 은사들을 발견하는 일에 대하여 집중적으로 다루고자 한다. 우리는 은사를 찾기 위해 해야 할 다섯 가지 실천적 단계를 제안하고자 한다. 각 단계는 동사로 시작한다. 곧 은사를 발견하는 실제적 단계로 그리 작업하여야 한다. 그 다음에, 이 책의 마지막에 있는 '은사 조사표'(A Spiritual Gifts Inventory)를 통하여 자신의 은사를 발견하는 데 도움을 받기를 바란다.

I. 자신의 은사를 알기 위하여 해야 할 일

우리가 아는 대로, 하나님은 우리들을 그저 수동적인 기관으로 만드시지 않으셨다. 그리스도인의 삶은 역동적인 관계들, 즉 하나님과 우리의 관계와 우리들과 다른 사람들과의 관계 속에서의 삶이다. 물론 하나님께서 먼저 우리에게 다가오셨다. 결국 하나님께서 우리들을 창조하셨다. 그리고 우리들을 만드셨기 때문에 우리들이 우리들의 생명을 가지고 무엇인가 하기를 기대하신다. 우리들이 은사를 발견하기 위해, 다음에 제시하는 것들을 구체적으로 실행하기를 바란다.

(1) 하나님이 사용하실 도구로 자신을 하나님께 열어드리라.

하나님께서는 성경을 통하여 계시하신 당신의 뜻을 통하여, 그리고 우리 안에서 역사하시는 성령에 의하여, 우리들에게 다가오신다. 그러므로 성령의 은사들에 대하여 공부하며, 우리들이 우리를 위한 하나님의 뜻을 이해할 수 있도록 하나님께서 도와 달라고 간구하라. 하나님께서는 우리들의 지적 능력이나 재능에 대한 관심보다는 순종하고자 하는 그 마음과 복종에 더 관심을 가지신다. 하나님이 구하시는 것은 우리들의 능력(ability)이 아니라 유용성(availability)이다. 그러므로 우리들이 하나님께 올바로 응답하는 것은 바로 다음과 같이 기도하는 것일 것이다. "주여, 나는 나의 뜻이 이루어지기를 구하지 않습니다. 하나님의 뜻이 내 안에서 그리고 나를 통하여 이루어지기를 기도합니다. 주여, 나는 내 자신이 하나님이 보시기에 적합한 당신이 원하시는 도구로 사용되도록 내 자신을 드리나이다. 주여, 당신이 나를 위하여 주시고자 하는 은사

가 무엇인지 가르쳐 주소서. 그리고 내 안에서 역사하시는 당신의 사역
에 응답하도록 가르쳐 주시옵소서.”

(2) 봉사와 사역에 대해 당신이 바라는 바를 점검하라

하나님께서는 그가 우리들을 창조하셨던 그 본래의 모습대로 우리들
을 회복시키기 위해 우리들 안에서 항상 역사하고 계신다. 우리를 향한
하나님의 계획은 결코 우리들의 기쁨이나, 창의성 또는 가능성을 절감
시키려는 것이 아니다. 도리어 하나님은 우리들의 하는 일을 보다 높은
차원으로 끌어올리기를 원하신다. 어떤 사람들은 마치 하나님께서 우리
들의 꿈과 희망을 모두 부정하기를 원하신다는 그릇된 생각을 하고 있
다. 다윗 왕은 이 점에서 바른 견해를 가지고 있었다. 그는 말하기를,
“또 여호와를 기뻐하라 그가 네 마음의 소원을 네게 이루어 주시리로
다.”[1]고 하였다. 그러므로 여러분은 자신의 비전, 희망 그리고 욕망들을
신중하게 다루어야 한다. 마찬가지로 성령께서는 당신을 향한 하나님의
뜻을 여러분의 마음속에 그려 주실 것이다. 거룩한 꿈들은, 우리가 그것
들은 하나님의 뜻에 맞게 행한다면, 선한 것이다.

(3) 당신이 보기에 교회와 세상에 무엇이 가장 절실히 필요한가를 알아보라

당신이 살고 있는 세상에 대한 당신의 관심에 주의를 기울여 보라. 성
령의 은사는 하나님께서 당신이 해결하기를 원하시는 그 필요들을 보다

---

1) 시 37:4.

분명히 볼 수 있게 하여 줄 것이다. 예를 들어서, 당신이 구원받지 못한 사람들에 대한 깊은 관심을 가지고 있다면, 아마도 그것은 하나님께서 당신에게 전도의 은사를 주셨다는 의미일지 모른다. 만일 당신이 상처를 입고 있는 사람, 굶주린 사람 그리고 불쌍한 사람들에 대하여 끊임없는 관심을 가지고 있다면, 당신은 남을 돕는 은사(gift of helps)를 가지고 있다고 볼 수도 있다. 당신의 관심들에 대하여 생각해보라. 성령의 은사는 당신에게 주어진 은사의 영역에서 당신이 무엇을 할 필요가 있는지 민감하게 인지하도록 만든다.

(4) 하나님의 뜻으로 이해한 것은 온전히 순종하라

예수님께서 말씀하시기를 "나의 계명을 지키는 자라야 나를 사랑하는 … 나도 그를 사랑하여 그에게 나를 나타내리라"[2]고 하였다. 우리가 가지고 있는 빛에 대한 순종은 늘 우리가 아직 가지고 있지 않은 보다 큰 빛으로 이도한다. 한번 생각해 보자. 곧 자기에게 전도의 은사가 있는 것을 발견하지 못한 어떤 사람이 주님께서 하신 말씀 "오직 성령이 너희에게 임하시면 너희가 권능을 받고 예루살렘과 온 유대와 사마리아와 땅 끝까지 이르러 내 증인이 되리라 하시니라"[3]는 말씀을 진지하게 받아들였다고 생각해 보자. 그 사람은 그 말씀을 순종하는 행동 가운데서 자기에게 주어진 전도의 은사를 발견하게 될 것이다. 그리스도께서 기도하라

---

2) 요 14:21.

3) 행 1:8.

는 말씀에 순종할 때, 하나님께서 우리에게 믿음의 은사를 주셨다는 것을 발견하게 될 것이다. 너그럽고 기쁜 마음으로 주는 자가 되라는 계명을 순종함으로서만이, 우리들은 우리에게 '구제의 은사'가 있다는 것을 발견하게 될 것이다. 우리들이 작은 일에 충성한다면, 하나님께서는 우리들에게 더 많은 기회와 상급을 주실 것이다. 그리스도를 보다 분명하게 알 수 있는 길은 바로 우리들이 그리스도를 더 가까이 따르는 것이다.

(5) 다른 그리스도인들의 호응들을 평가해보라

신약성서에서 언급하고 있는 성령의 은사들은 그리스도인의 공동체에서 나타난 은사들에 관한 것이다. 사도 바울은 말씀하시기를, "우리 중에 누구든지 자기를 위하여 사는 자가 없고 자기를 위하여 죽는 자도 없도다"[4]고 하였다. 하나님은 우리들이 홀로 고립되어 살기를 원치 않으신다. 다른 그리스도인들과 어울려 사는 가운데 우리들은 자신에게 주어진 성령의 은사를 확인하게 되며, 또한 어떤 것이 자신의 은사가 아닌지를 알게 되는 것이다.

서부 어떤 주에 사는 한 사람이 "나는 예언의 은사를 가지고 있는데, 우리 회중 가운데 내 말을 알아듣는 능력을 가진 사람이 하나도 없다"라고 말하는 것을 들은 적이 있다. 당신이 하는 일에 대하여 다른 사람들이 아무도 호의적으로 호응하지 않는다면 당신은 아마도 그 사역에 대한 은사를 가지고 있지 않은 것일 수도 있다. 당신의 하는 사역에 다른 사람

---

4) 롬 14:7.

들이 긍정적으로 호응한다면, 바로 그것은 당신의 성령의 은사를 확인하는데 도움을 줄 수 있을 것이다. 하나님께서는 하나님이 주신 은사들을 통하여 서로의 은사들을 확인하도록 의도하신다. 분명히 알 것은 하나님은 우리들이 하나님께 대하여 갖는 관심보다 더 큰 관심을 우리들에게 가지고 계시다는 것이다.

위에서 언급한 다섯 가지 제안이 여러분이 자신의 성령의 은사들을 발견하고자 하는데 도움을 주었을 것이다. 하나님께 자신을 열라. 자신의 의지를 점검하라. 그리고 가장 절박한 필요가 무엇인지 알아보라. 하나님의 뜻에 순종하라. 그리고 다른 신자들의 호응을 평가해 보라. 하나님이 주신 은사를 발견하기를 갈망하는 자들에게 이 지침들은 도움을 줄 수 있을 것이다.

II. 성령의 은사들을 발견하기 위한 조사

다음 쪽에 실린 '은사 조사표'(A Spritual Gifts Inventory)'는 하나님께서 당신에게 주신 은사(charismata)를 발견하는 데 도움을 주기 위하여 작성한 조사표이다. 이 조사표에 여러분이 자신의 관심, 경험, 영적 간구, 그리고 다른 사람들이 자신을 어떻게이해하고 있는가 등을 참작하여 체크하여야 한다. 그래야 정확하게 자신의 은사를 발견하게 될 것이다. 조사표에 기입할 때, 내가 이래야 되겠다고 생각하는 것을 따라 체크하면 안 된다. 또는 나의 응답에 대해 다른 사람들이 어떻게 생각할

지를 염두에 두면서 체크해서도 안 된다. 또는 이렇게 기입하는 것이 교회를 위하여 좋겠다 또는 필요하겠다 하는 생각으로 체크해서도 안 된다. 당신에게 해당되는 그대로를 기입하는 것이 매우 중요하다.

무엇이 당신의 은사이며, 무엇이 당신의 은사가 아닌가를 당신 자신이 아는 것이 매우 중요하다. 모든 신자가 다 똑같은 은사들을 가지고 있지 않다는 것은 이미 설명했다. 하나님께서는 모든 신자들에게 똑 같은 사역을 하도록 부르시지 않으셨다. 우리들이 자신의 은사가 아닌 것이 무엇인지를 알면, 자신에게 적합하지 않는 직장이나 사역을 피할 수가 있고, 또한 무엇이 자신의 은사인지를 알면, 우리는 하나님이 우리에게 계획하신 사역을 하게 될 것이다.

조사표를 체크할 때, 문항에 제시된 내용이 자신과 일치하는 진술이라 여기면 최고 점수(3점)를 기입하되 그 밖의 다른 항목에는 0점을 기입하는 사람도 있을 것이다. 자신은 그 문항 내용에 대해 완전히 그러하거나 전혀 그렇지 아니하다는 것이다. 그런가 하면 그런 극단적인 패턴으로 체크하지 않고 양극 사이에서 조심스럽게 점수를 기입하는 사람도 있을 것이다. 하나님께서는 우리들이 모두 다른 성격과 감정을 갖도록 만드신 것이다. 그러므로 그 어느 대답이 좋다, 나쁘다고 할 수 없다. 그저 될 수 있는 대로 정직하게 점수를 기입하라.

조사표에는 성령의 은사를 발견하도록 도울 100개의 항목이 있다. 어떤 내용은 당신을 정확하게 기술하고 있을 것이고, 또 어떤 내용은 전혀 그렇지 않을 수도 있을 것이다. 내용을 읽고 자신과 부합되는 정도에 따라 점수를 0, 1, 2, 3으로 구분하여 기입하라.

0점은 자신과 관계없거나 상충되는 내용임을 뜻한다. 곧 이 내용은 나를 묘사하고 있지 않다. 또는 나는 그렇게 생각하고 있지 않다. 이 내용은 나와 부합하지 않다는 등의 의미이다. 이럴 때 0를 기입하라.

1점은 아마도 이 내용이 나에게 해당되는 것 같다는 의미이다. 이 내용이 전적으로 내 입장 같지는 않지, 전혀 아니라고 할 수도 없는 것 같다고 생각될 때 1을 기입하라

2점은 상당히 그러하다는 뜻이다. 이 내용이 나의 입장을 잘 말하고 있는 것으로 생각되나, 정말 그런지 좀더 생각해 보아야 할 것 같다고 생각되면 2를 기입하라.

3점은 확실히 그러하다는 뜻이다. 이 내용은 나 자신과 일치하는 것이 분명하며 다른 사람들도 나를 그렇게 볼 것이라고 생각될 때 3을 기입하라.

각 항목에 점수를 기입한 다음에는 그 점수를 수평선상에서 합산하여 집계란에 기입하라. 예를 들어, 1번, 21번, 41번, 61번, 80번에 기입한 점수들을 집계하여 그 줄의 끝에 있는 집계(total)란에 쓰는 것이다. 이 때 집계되는 최고점수는 15점이며 최하점수는 0점이 된다.

'성령의 은사에 대한 조사 집계표' 에 기입을 마친 후에는 그 집계숫자를 '나의 은사 알아보기' (Identifying My Spiritual Gifts)표에 옮겨 기입하라. 최고 점수를 얻은 '성령의 은사' 가 바로 하나님이 당신에게 주신 은사일 것이다.

당신에게 주어진 은사가 하나일 수도 있고, 둘 또는 셋일 수도 있을 것이다. 어떤 경우는 그 이상일 수도 있을 것이다. 그리스도인은 최소한 하나의 은사는 갖고 있다. 그러나 한 신자가 성령의 은사 모두를 다 소유하는 것은 아니다. 여러분은 이러한 조사를 통해 자신의 은사를 알게 되어 놀랄지도 모른다. 혹은 발견한 은사가 어쩌면 자신의 은사일 것이라고 믿고 있거나 어렴풋이 짐작하고 있던 것들일지도 모르겠다. 여러분은 하나님이 주신 그 은사들을 인하여 하나님께 감사하게 되며, 그 은사들은 앞으로 여러분의 인생에서 당신이 할 일을 구체화시켜 줄 것이다.

성령의 은사 조사표 (A Spiritual Gifts Inventory)

* 아래에 있는 문장을 읽어 공감이 가는 정도에 따라 0, 1. 2, 3으로 표기하시오.

   (전혀 아니다=0, 약간 그렇다=1, 어느 정도 그렇다=2, 확실히 그렇다=3)

1. ___ 나는 그리스도인 공동체가 없는 곳에 교회 또는 그리스도인 공동체를 세우고자 하는 강한 욕망이 있다. 내가 낯선 문화에도 잘 적응하여 그들에게 예수에 관하여 이야기 할 수 있으리라고 믿는다.

2. ___ 나는 사람들에게 하나님의 말씀에 대하여, 그리고 그 말씀이 그들의 일상생활에 무엇을 의미하는가를 말해주는 것을 좋아한다.

3. ___ 나는 구원 받지 못한 사람에 대하여 깊은 관심을 가지고 있다. 그래서 나는 그들에게 하나님의 사랑을 담대히 말하며, 그들의 생애를 예수 그리스도에게 바치라고 초청할 수 있다.

4. ___ 운동경기에서 코치가 자기의 팀 멤버들이 자질을 발현시켜주듯이, 나는 신앙생활에서 다른 사람들을 자연스럽게 인도하며 도와준다.

5. ___ 나는 하나님께서 내게 주신 기독교의 진리를 이해할 수 있다. 그리하여 이 진리를 다른 사람들에게 가르쳐야겠다는 강한 충동을 느낀다.

6. ___ 나는 사람들이 필요한 것들을 도와주는 데서 매우 만족을 느낀다. 나는 앞에 나서서 일하거나 주축이 되어 일하는 것보다 배후에서 일하는 편이다.

7. ___ 나는 사람들을 격려하여 그들이 건전한 상담을 따르며 하나님이 원하시는 바에 이르라고 하기를 원한다.

8. ___ 나는 선물을 받기보다는 주기를 좋아하며, 남과 나누는데서 큰 기쁨을 느낀다.

9. ___ 남을 도와주는 푸로젝트에서 한 그룹을 인도하는 일은 나에게 만족을 준다.

10. ___ 나는 사람들이 당하고 있는 아픔과 문제들에 공감을 느끼며, 내가 그들을 위로하도록 하나님께서 나를 도우시는 것을 느낀다.

11. ___ 하나님께서는 내가 아픈 사람들을 위하여 기도하도록 나를 종종 감동시키신다. 그리고 나는 하나님께서 인간이 당하고 있는 아픔을 치유할 수 있다고 믿는다.

12. ___ 해결될 가능성이 없어 보이는 일들을 위하여 기도하였을 때 하나님께서 기적적으로 해결해주신 적이 종종 있었다.

13. ___ 나는 방언을 말한 적이 한번 이상 있다.

14. ___ 다른 사람이 방언할 때, 때때로 나는 그가 말하는 바를 이해한다.

15. ___ 다른 사람들이 무엇을 해야 할지 모르고 혼란해 할 때, 때때로 하나님께서는 나를 사용하여 그들이 바른 행동을 택할 수 있도록 하신다.

16. ___ 나는 어떤 사람의 삶에 하나님께서 선하신 일, 예를 들어, 치유, 구원 또는 강복의 역사를 행하고 있음을 알게 된 적이 종종 있다.

17. ___ 나의 기도에 응답하시어, 상황이 극복될 수 없는 듯 보이던 때에도 하나님께서 놀랍게 역사하신 적이 있다.

18. ___ 나의 친구들은 오류가 없다고 생각하던 그 설교나 책에서도 나는 그릇된 가르침이 있는 것을 발견하곤 했다.

19. ___ 나는 약하고 곤고한 사람들은 돕는데 각별한 관심을 갖고, 그들을 기쁜 마음으로 돕는다.

20. ___ 나는 장래의 가능성들에 대하여 생각하고 그들을 위하여 하나님의 인도를 간구할 수 있기 때문에 다른 사람들을 이끌어주는 것은 나에게 자연스런 일이다.

21. ___ 나는 그리스도를 모르는 사람들이 그리스도를 알게 되는 것을 보기를 간절히 바란다.

22. ___ 비록 내가 설교를 하지는 않지만, 나는 다른 사람들에게 하나님께서 그들을 위하여 가지고 계신 그 좋은 계획에 대하여 그리고 그들이 하나님을 떠날 때 하나님께서 얼마나 슬퍼하시는지에 대하여 말하여 주고 싶은 생각이 간절하다.

23. ___ 나의 친구 중 많은 이들이 사람들에게 예수 그리스도를 구주로 받아들이라고 말하는 것을 어려워하지만, 나에게 그것은 어렵지 않은 일이다.

24. ___ 나는 다른 사람들의 영적 상태와 교리적 문제에 관심이 있다. 또한 나는 그들이 훌륭한 제자가 되도록 돕는 책임이 나에게 있다고 믿는다.

25. ___ 나에게는 성경을 이해하며 그 진리를 다른 사람들에게 설명해 주고 싶은 내적인 욕구가 있다.

26. ___ 나는 가르치며, 설교하며, 남을 인도하는 사역을 하는 사람들을 돕는 것이 나의 사역이라고 생각한다.

27. ___ 나는 사람들이 자신들이 최선의 존재임을 알려주며 또한 최선을 다하며 살도록 격려하는 글을 쓰는 일과 그러한 자신감을 세워주기 하여 돕는 일을 즐긴다.

28. ___ 하나님께서는 가끔 나로 하여금 어떤 사업이나 어려운 일에 돈을 주라고 인도하신다. 때때로 나는 하나님이 얼마만큼 주기를 바라시는지도 안다.

29. ___ 어떤 프로젝트가 생기면, 나는 팀을 조직하여 그 일을 해낼 수 있다.

30. ___ 나는 사람들이 낙망하거나 어려움을 당하고 있는 것을 보면, 다른 사람들이 그들은 동정을 받을만한 가치가 없다고 말하더라두, 그들에 대한 여미을 느낀다.

31. ___ 나는 하나님이 병자를 온전케 하시기를 원하며, 하나님께서 나를 그들을 치유하는 도구로 사용하시기를 원하신다고 생각한다.

32. ___ 나는 하나님께서는 오늘날도 기사이적들을 행하신다고 믿는다. 나는 그런 일을 여러 번 보았으며 하나님께서는 우리들은 크게 축복하시기를 원하신다고 생각한다.

33. ___ 방언 기도는 나로 하여금 하나님께 더 가까이 다가가도록 도와준다.

34. ___ 내가 어떤 사람의 방언을 통역할 때면, 나는 비그리스도인도 그곳에 있어 나의 통역을 듣게 되기를 바란다.

35. ___ 혼동스럽고 논쟁적인 문제들에 대하여 성경이 어떻게 말씀하고 있는지 이해하도록 하나님께서 나를 돕는다고 믿는다.

36. ___ 나는 어떤 사람들이 자신들에 대하여 내게 말하지 않은 것을 바로 말해서 그들을 놀라게 할 때가 가끔 있다. 때때로 나는 그저 알 뿐이다.

37. ___ 나는 하나님께서는 놀라운 일들을 하시되 특히 우리가 하나님을 필요로 할 때 행하신다고 약속하신 것을 믿는다.

38. ___ 사람이 하나님의 권위를 가졌다고 말하면서 성경에 어긋나는 것을 가르치거나 설교할 때, 심한 조바심을 느낀다.

39. ___ 나는 다른 사람들의 구체적인 필요를 즉각 알아차린다. 그리고 내가 그들에게 베풀 수 있는 비천한 그 봉사에 대한 칭찬받는 것을 나는 절대로 원치 않는다.

40. ___ 나는 조직하는 요령이 있다. 그리하여 나는 사람들이 함께 일 할 수 있도록 인도할 수 있고 또한 그들이 공통적인 목표들에 합의하며 협력하여 그 목표들을 달성하도록 도울 수 있다.

41. ___ 나는 하나님께서 내가 다른 문화권에 있는 사람들에게 가서 구원에 대하여 말하기를 원하실 것이라고 느낀다. 그 곳이 내가 살고 있는 이 고장이던 세계 복판의 그 어떤 곳이건 상관없다.

42. ___ 나는 하나님의 진리에 굳건히 서서 그것을 현재에 적용시키기를 두려워하지 않는다.

43. ___ 나는 그리스도에 대한 나의 신앙을 공개적으로 말할 수 있다. 그리고 다른 사람들이 예수를 그들의 구주로 믿도록 인도하는 것을 좋아한다.

44. ___ 나는 그리스도인의 삶에 있어 더디게 성장하는 사람들에 대하여 신경질을 내지 않는다. 그리고 저들이 나의 도움을 원치 않을 때에도 나는 그들에 다가가 돕고자 한다.

45. ___ 나는 모든 신앙의 가르침은 성경에 의하여 점검하는 것이 중요하다고 생각한다. 그리고 누군가 그리스도인의 메시지를 왜곡하는 것을 듣는 것이 나는 괴롭다.

46. ___ 나는 나의 필요에 대한 것보다 다른 사람의 필요에 대하여 더 관심이 있다.

47. ___ 나는 신실한 사람들이 바른 길에 들어서고 거기 머물러 있도록 도와주는 사람, 곧 남을 격려하는 사람으로 알려져 있다. 사람들은 아마도 나를 영적인 응원자(cheer leader)라고 부를지도 모른다.

48. ___ 내기 하니님의 사업을 위하어 또는 어려운 사람에게 헌금하면, 거의 그 때마다 하나

님께서 내게 여분의 돈이 생기도록 하셔서, 나는 더 많은 헌금을 할 수 있게 되는 것 같다.

49. ___ 나는 다른 사람들 보다는 전체 상황을 볼 수 있어, 한 그룹의 프로젝트를 지도할 수 있게 된다. 나는 그것을 자랑으로 여기지는 않지만 하나님께서는 나를 리더로 만드셨다고 생각한다.

50. ___ 나는 고통당하고 있거나 스트레스를 받고 있는 불쌍한 사람들을 사랑하고 돌보길 원하는 강한 열망이 있다.

51. ___ 내가 아픈 사람들을 위하여 기도할 때, 하나님이 그들을 치유하여 주신 일이 여러번 있다.

52. ___ 내가 기도하였을 때 인간적으로는 불가능한 결과들을 하나님이 행하신 적이 있다.

53. ___ 나는 방언으로 기도한 적이 있다. 그러나 아무도 방언하라고 나를 강요하지 않았고 또한 방언하는 방법을 가르쳐 준 사람도 없다.

54. ___ 나는 다른 사람들이 방언으로 말하는 것을 들을 때, 때때로 저들이 하나님께 기도하고 있는 것이 아니라는 생각이 든다.

55. ___ 종종 특정 단체들이 나에게 와서 그들이 해야 할 적절한 행동의 과정에 대해 충고하여 달라고 한다.

56. ___ 내가 다른 사람들과 이야기하는 가운데, 그 사람의 진정한 문제가 무엇인지를 볼 수 있도록 하나님께서 나를 도와주신 적이 한두 번이 아니다. 내가 그처럼 문제를 알아채고 그들도 그것을 볼 수 있도록 도와주기 전까지 그들 스스로는 알지 못할 때도 있다.

57. ___ 사람들의 삶에 기적이 일어나기를 기도하는 것이 내게는 자연스런 일이다. 하나님께서 능력으로 역사하시기를 내가 기도하며 간구할 때, 하나님께서는 때때로 정말 그렇게 역사하셨다.

58. ___ 내가 그릇된 교훈을 발견하여 나의 친구들에게 경고하고 바른 길을 제시하도록 하나님은 나를 도와주시곤 한다.

59. ___ 누구도 나에게 요구한 적이 없지만 종종 나는 소홀히 여김을 받는 낙담한 사람들을

도와야겠다고 느낀다.

60. ___ 지도자의 한 사람으로서 나는 그 단체의 문제들을 볼 수 있어서, 책임을 지고 회원들이 그 문제들을 극복할 수 있도록 도와준다. 그룹의 구성원들은 나를 신뢰하며 나의 지도력에 순응한다.

61. ___ 나는 예수 그리스도를 아직도 듣지 못한 사람들 속에서 선교사역을 시작할 수 있도록 하는 영적 은사들을 가지고 있다.

62. ___ 하나님의 귀한 말씀 증거의 일환으로서 종교적 거짓을 반대하며 기독교의 진리를 수호하도록 하나님께서 나를 사용하신다고 나는 믿는다.

63. ___ 나는 불신자들이 예수 그리스도에게로 오도록 하는 일에 깊은 관심이 있으며, 또한 그들이 그리스도인이 되어야 할 필요에 대하여 그들과 이야기하는 것이 편하다.

64. ___ 그리스도인 친구들을 계속 격려할 수 있도록 그들의 신뢰를 지키며 그들의 장점과 약점을 아는 것은 나에게 중요하다.

65. ___ 나는 '무엇'이 문제이며 '왜' 문제가 되는지에 대하여 성경에 근거한 가르침과 생각을 듣고 읽는 것이 유독 즐겁다.

66. ___ 사람들이 섬김의 필요와 기회에 대해 손도 못대고 있을 때에조차 나는 종종 실제적인 섬김의 사역을 수행할 방법을 찾아내곤 한다.

67. ___ 나는 사람들을 고무시켜서 그들이 선한 충고를 따르며 하나님의 뜻을 실천하기 시작하도록 도울 수 있다. 그들이 낙담하고 절망할 때 나는 그들이 다시 일어서게 하고 새로운 기쁨으로 나아가도록 할 수 있다.

68. ___ 나는 사람들의 물질적 궁핍함에 아주 민감하다. 그래서 내가 하나님께 받은 것들의 일부로 그들의 어려움을 돕기를 원한다.

69. ___ 나는 강의실에서 강의하거나 설교하는 것보다는 차라리 집 없는 사람에게 집을 마련해주는 사역프로젝트에 참여하는 것이 좋다.

70. ___ 비참한 지경에 있는 사람들은 나를 거부하지 않는다. 나는 그들을 만나면 그들을 도

와줄 방법을 찾으려고 애쓴다.

71. ___ 나는 육체적으로, 정신적으로 또는 정서적으로 고통을 당하고 있는 사람들에 대해 관심이 많다. 지난 수개월 동안 하나님은 나를 감동시켜 아픈 친구들과 친척들을 위하여 기도하게 하셨다.

72. ___ 우리들이 소망이 없다고 생각할 때 하나님께서는 때때로 기적을 행하신다는 것을 나는 믿는다. 나는 하나님께서 사람들의 유익을 위하여 기적적인 역사를 하시는 것을 본 적이 있다.

73. ___ 나는 방언으로 기도한 적이 있는데, 내가 무엇을 기도하고 있는지를 알고 싶었다.

74. ___ 다른 사람이 방언을 말하는 것을 들을 때, 종종 나는 그들의 기도가 참된 것인지 아닌지를 말할 수 있다.

75. ___ 어떤 특정 그룹이 어떤 문제에 대하여 토론하고 있을 때 나는 주님의 도우심으로 건전한 충고를 하여 그들이 긴장을 풀고 바른 결정으로 행하도록 도운 적이 여러 번 있었다.

76. ___ 아무도 내게 말한 적이 없었지만 하나님께서 나로 하여금 어떤 사람의 삶 속에 일어나고 있는 일들을 알게 하신 적이 있다.

77. ___ 어떤 상황이 불가능하여 보일 때, 우리가 사심 없이 기도하되 하나님은 행하실 능력이 있다는 믿음을 가지고 기도하면, 불가능해 보이는 상황 속에서도 하나님은 우리 기도에 응답하시리라고 나는 믿는다.

78. ___ 대중 강연자가 성경을 잘못 해석하거나 적용하면 나는 이내 그것을 알아차린다.

79. ___ 나는 가난한 사람들과 불쌍한 사람들을 도와줄 방법을 안다. 그리고 그들이 사랑받으며 받아들여지고 있다는 것을 느끼도록 해줄 때 즐겁다.

80. ___ 사람들은 나를 리더라고 말한다. 그리고 나는 그 그룹이 원만하게 일할 수 있도록 도와주기 위하여 상세히 일러주며 돌보는 일을 즐긴다.

81. ___ 나는 기독교에 적대적인 사람들에게도 하나님의 복음을 전할 수 있도록 다른 문화에 대하여도 알고 싶고 다른 언어도 배워보고 싶다.

82. ___ 성경은 악과 위선을 정죄하고 있는 까닭에, 나는 우리 사회에 있는 그러한 악들에 대항하는 입장을 취하지 않으면 안 된다고 생각한다.

83. ___ 내가 선택할 수 있다면, 나는 다른 사역을 하기보다 먼저 누군가를 그리스도를 믿도록 도와주는 일에 시간을 보내고 싶다.

84. ___ 내 친구가 그릇된 길로 갈 때, 나는 그를 나무라면서도 그가 바른 길로 가도록 도와줄 책임이 있음을 느낀다.

85. ___ 나는 하나님의 진리에 대한 분명치 않은 설명이 불만스럽다. 나는 그 진리를 이해하고 싶고 그것을 될 수 있는 대로 분명하게 사람들과 공유하기를 원한다.

86. ___ 나는 다른 사람들의 육체적 그리고 실제적인 필요에 대하여, 말로만이 아니라 행동으로 기꺼이 나설 것이다.

87. ___ 사람들은 종종 나를 신임한다. 왜냐하면 그들은 나의 관심을 알며 내가 건전하며 실제적인 조언을 줄 수 있는 나의 능력과 중요도를 알고 있기 때문이다.

88. ___ 나는 관대한 구제를 통해 문제들이 해결될 수 있다는 것을 안다. 따라서 하나님께서 다른 사람들을 돕도록 나에게 주신 자원들을 사용할 책임이 있다고 생각한다.

89. ___ 나는 사람들에게 내가 지도하고 있는 좋은 프로젝트에 참여하라고 강요하기를 주저하지 않는다.

90. ___ 나는 다른 사람들을 난처하게 만들거나 고통을 줄 수 있는 말과 행동을 하지 않도록 조심한다.

91. ___ TV에서 병들었거나 다친 어린이를 볼 때면 나는 그들을 치유하여 달라고 하나님께 기도한다.

92. ___ 만일 우리들이 하나님에 대한 강한 믿음을 가지고 있다면, 하나님은 오늘날에도 기적적인 일을 하실 것이라고 믿는다.

93. ___ 방언으로 기도한다는 것은 내 생활에서 중요한 일이다.

94. ___ 나는 방언을 하지 않지만 때때로 사람들이 방언으로 말하고 있는 의미를 이해할 수

있다.

95. ___ 사람들이 나에 대하여 말하기를, 복잡한 일들과 어려운 선택들에 관한 좋은 충고를 하는 역할로 하나님이 나를 사용하신다고 한다.

96. ___ 때때로, 하나님은 사람들의 삶 속에서 하나님 그 분이 행하고 계신 바를 나로 하여금 알게 하신다.

97. ___ 사람의 믿음이라는 것이 흔들리는 것이라 해도, 나는 하나님께서 그의 섭리에 따라 역사하고 계심을 믿으며, 하나님의 방법과 때에 우리의 기도에 응답하실 것을 기다릴 수 있다.

98. ___ 나는 종교 지도자들이 성령에 의존하기보다 자기 자신들에게 의존하고 있는 경우를 느낌으로 알 수 있다. 또한 설교자가 전적으로 하나님께 헌신하고 있는 경우에도 나는 그 것을 느낌으로 알 수 있다.

99. ___ 나에게 보답할 것이 거의 없는 사람을 도와주는 일은 내가 가장 기뻐하는 일 중 하나이다. 설사 그들이 고마워하는 것 같아 보이지 않더라도 말이다.

100. ___ 나는 다른 사람들을 데려다 하나의 효율적인 팀을 만드는 것이 즐겁다. 나는 그 팀의 구성원들이 자기들의 특별한 재능을 바쳐 서로 조화를 이루어 일하는 것을 보기를 바란다.

Summary Sheet For Spiritual Gifts Inventory

집계

1. _____	21. _____	41. _____	61. _____	81. _____	_____
2. _____	22. _____	42. _____	62. _____	82. _____	_____
3. _____	23. _____	43. _____	63. _____	83. _____	_____
4. _____	24. _____	44. _____	64. _____	84. _____	_____
5. _____	25. _____	45. _____	65. _____	85. _____	_____
6. _____	26. _____	46. _____	66. _____	86. _____	_____
7. _____	27. _____	47. _____	67. _____	87. _____	_____
8. _____	28. _____	48. _____	68. _____	88. _____	_____
9. _____	29. _____	49. _____	69. _____	89. _____	_____
10. _____	30. _____	50. _____	70. _____	90. _____	_____
11. _____	31. _____	51. _____	71. _____	91. _____	_____
12. _____	32. _____	52. _____	72. _____	92. _____	_____
13. _____	33. _____	53. _____	73. _____	93. _____	_____
14. _____	34. _____	54. _____	74. _____	94. _____	_____
15. _____	35. _____	55. _____	75. _____	95. _____	_____
16. _____	36. _____	56. _____	76. _____	96. _____	_____
17. _____	37. _____	57. _____	77. _____	97. _____	_____
18. _____	38. _____	58. _____	78. _____	98. _____	_____
19. _____	39. _____	59. _____	79. _____	99. _____	_____
20. _____	40. _____	60. _____	80. _____	100. _____	_____

나의 은사 알아보기

(Identifying My Spiritual Gifts)

(각 성령의 은사 옆 왼쪽 공란에 집계점수를 기입하시오)

집계점수	은 사	
1. ______________	A. Apostleship	사도직의 은사
2. ______________	B. Prophecy	예언의 은사
3. ______________	C. Evangelism	전도의 은사
4. ______________	D. Shepherding	목양의 은사
5. ______________	E. Teaching	가르치는 은사
6. ______________	F. Serving	봉사의 은사
7. ______________	G. Exhortation	권면의 은사
8. ______________	H. Giving	구제의 은사
9. ______________	I. Giving Aid	도움을 주는 은사
10. ______________	J. Compassion	자선의 은사
11. ______________	K. Healing	병고치는 은사
12. ______________	L. Working Miracles	능력행하는 은사
13. ______________	M. Tongues	방언의 은사
14. ______________	N. Interp. of tongues	방언 통역의 은사
15. ______________	O. Word of Wisdom	지혜의 말의 은사
16. ______________	P. Word of Knowledge	지식의 말의 은사
17. ______________	Q. Faith	믿음의 은사
18. ______________	R. Discernment	영분별의 은사
19. ______________	S. Helps	남을 돕는 은사
20. ______________	T. Administration	관리의 은사

조사표를 통해 발견한 성령의 은사를 기록하시오.

(점수 상위 2개~4개)

성령의 은사	해당 점수
1.	
2.	
3.	
4.	

당신의 은사를 발견한 후에, 당신은 그 은사들을 개발하고 활용하기를 원할 것이다. 은사들을 활용하여 하나님과 다른 사람들을 섬기는 가운데, 우리들은 과실을 지속적으로 맺게 될 것이다. 예수님께서 말씀하셨다. "너희가 과실을 많이 맺으면, 내 아버지께서 영광을 받으실 것이요. … 내가 이것을 너희에게 이름은 내 기쁨이 너희 안에 있어 너희 기쁨을 충만케 하려 함이니라."[5] 그러므로 하나님 없이, 그리고 우리 안에서 역사하시고 우리를 통하여 역사하시는 하나님의 사역 없이 우리들의 삶은 충분할 수 없다. 하나님과 함께 함으로써 우리들은 하나님께서 우리들에게 처음으로 생기를 불어 넣으실 때 의도하셨던 지경으로 나아가게 될 것이다.

---

5) 요 15:8-11.

성령의 은사
(나의 은사 찾아가기)

2008년 4월 25일 초판 1쇄 발행
지은이 • 커세스 킹혼
옮긴이 • 조종남
발행처 • 선교횃불
등록일 • 1999년 9월 21일 제54호
등록주소 • 서울시 송파구 삼전동 103번지
전　화 • 02-2203-2739
팩　스 • 02-2203-2738
http://www.ccm2u.com

총　판 • 선교횃불